La construction de la sociologie

QUE SAIS-JE ?

La construction de la sociologie

JEAN-MICHEL BERTHELOT
Professeur à l'Université de Toulouse-Le Mirail

Troisième édition

13e mille

DU MÊME AUTEUR

Le piège scolaire, Presses Universitaires de France (coll. « Pédagogie d'aujourd'hui »), 1983.

L'intelligence du social, Presses Universitaires de France (coll. « Sociologie d'aujourd'hui »), 1990.

Ecole, orientation, société, Presses Universitaires de France (coll. « Pédagogie d'aujourd'hui »), 1993.

1895, Durkheim, l'avènement de la sociologie scientifique, Presses Universitaires du Mirail, 1995.

Les vertus de l'incertitude. Le travail de l'analyse dans les sciences sociales, Presses Universitaires de France (coll. « Sociologie d'aujourd'hui »), 1995.

ISBN 2 13 045609 X

Dépôt légal — 1re édition : 1991
3e édition : 1995, novembre

INTRODUCTION

Une discipline se construit. Son histoire est plus complexe qu'un simple développement d'idées et de théories ; elle implique des techniques et des méthodes de recherche, des formes de construction de son objet, des lieux d'apprentissage, de transmission et d'exercice, des individus associés dans des réseaux de travail, d'échange et d'évaluation. L'objectif de cet ouvrage est de présenter une histoire raisonnée de la sociologie moderne et de son mode de construction. Un tel projet ne va pas de soi. Si l'on convient d'entendre par « sociologie moderne » une entreprise de connaissance scientifique du social, la définition même que l'on introduit ainsi est problématique : qu'est-ce que le social ? en quoi une connaissance scientifique peut-elle s'y distinguer d'une connaissance qui ne le serait pas ?

Ces questions ne sont ni scolastiques ni rhétoriques. Les définitions du social sont diverses : il peut être vu comme un ensemble de règles et de contraintes qui s'imposent à l'individu dans une société donnée et dont il importe de saisir l'origine et les effets. Mais il peut être également conçu comme la signification pour autrui qu'impliquent nos divers comportements. Si je m'efface pour laisser passer devant moi, en entrant dans une salle, un représentant ministériel en inspection, je me conforme à un code institué de relations hiérarchiques au sein d'une organisation donnée. Si, prévoyant de ressortir, je pose ma serviette sur une table, j'envoie par ce geste à toute personne présente le message « évident » d'une appropriation temporaire de cette place, sans qu'aucun code explicite ne le fonde, ni qu'aucune règle instituée ne le légitime.

Le social ne constitue donc pas un objet préétabli qu'il suffirait d'aborder avec conscience et sérieux pour en produire la connaissance. Sa définition est solidaire des formes de pensée par lesquelles les hommes ont cherché à rendre compte de leur existence commune : les mythes, les religions, les philosophies, les traités de morale en contiennent tous une présentation et une théorisation déterminées. Celles-ci, cependant, visent davantage à légitimer — ou à contester — un ordre social établi qu'à en fournir la connaissance.

La sociologie naît lorsque, dans un même mouvement, elle problématise son objet et le mode de connaissance qui lui convient et met à l'épreuve empiriquement la pertinence de ses choix ; à une approche floue et souvent idéologique, elle substitue alors *une entreprise raisonnée et méthodique d'analyse et d'interprétation* que l'on peut désigner par le terme de « *programme de recherche* ».

Un tel programme ne naît pas de rien. Il implique, pour émerger et se développer, un certain nombre de conditions tant intellectuelles et morales que matérielles, techniques et institutionnelles ; celles-ci se mettent en place tout au long du XIXe siècle et expliquent l'apparition de la sociologie scientifique moderne dans sa dernière décennie. Mais celle-ci va se faire sous les auspices de la pluralité : ce n'est pas un, mais deux programmes qui, simultanément, apparaîtront et constitueront les premières fondations sur lesquelles l'édifice ultérieur se construira et se ramifiera. La sociologie scientifique moderne est ainsi, dès le départ, à la fois une et plurielle, et c'est, dans son épaisseur sociétale, au processus complexe de sa construction que nous convions le lecteur.

Chapitre I

AUX SOURCES D'UNE CONNAISSANCE INCERTAINE

La sociologie moderne se met en place à la fin du XIXe siècle. Elle se dote alors d'un ensemble de caractéristiques théoriques, méthodologiques, institutionnelles qui lui confèrent le statut de discipline scientifique et la distinguent, en droit si ce n'est toujours en fait, de la philosophie sociale ou de l'essayisme littéraire.

L'acquisition de ce statut résulte cependant d'un lent travail historique qui s'accomplit pour l'essentiel tout au long du siècle. Certes les grands penseurs de la philosophie des Lumières, Hobbes, Locke, Montesquieu, Rousseau, vont nourrir la réflexion sociologique naissante. Mais plus encore peut-être est-ce dans les traits nouveaux de la civilisation qui s'ébauche au sortir du XVIIIe siècle que s'enracine la sociologie moderne.

Les débuts du XIXe siècle sont marqués par le poids des deux révolutions sur lesquelles s'est achevé le siècle précédent : la révolution industrielle et la Révolution française. Evénements de nature et de niveau différents dont le point commun est peut-être le sentiment de *rupture* qu'ils engendrent : la constitution des nouveaux bassins industriels, le développement du machinisme moderne, le bouleversement des rapports entre villes et campagnes, le surgissement d'un prolétariat s'entassant dans les faubourgs urbains créent des problèmes neufs. Il ne s'agit plus de situations que la pensée traditionnelle puisse inscrire dans l'ordre naturel des choses mais de problèmes sociaux au sens moderne du terme : l'entassement, la promiscuité, la délinquance, la prostitution, l'alcoolisme, la morbidité précoce apparaissent liés à une organisation sociale déterminée et requièrent par-là même une intervention nouvelle de la société sur elle-même. Mais ces effets du développement industriel, que le XIXe siècle ne cessera d'interroger, peuvent sembler tout autant résulter de la Révolution française et de la destruction des structures et des pouvoirs garantissant l'équilibre social traditionnel.

Le sentiment de rupture ainsi engendré se manifestera dans la pensée du XIXe par des oppositions conceptuelles en forme de dichotomies ; opérant à divers niveaux des variations sur la thématique de l'ancien et du nouveau elles constitueront pour certaines d'entre elles le noyau d' « idées élémentaires »[1] caractéristiques de la sociologie moderne.

Davantage encore, peut-être, ce sentiment génère un nouveau souci de connaissance. Il est sans doute rapide de dire « à problèmes nouveaux, méthodes nouvelles ». Et pourtant le XIXe siècle voit naître l'enquête sociale. Celle-ci se détache du mémoire de voyage que pouvaient pratiquer les esprits éclairés des siècles précédents. Au détail pittoresque ou à la digression philosophique elle tend à substituer la description minutieuse et le recensement détaillé. Parler de la société n'est plus seulement affaire d'idées.

Mais accumuler des faits ne suffit pas à leur donner sens. Le souci de connaissance que manifeste l'enquête

1. R. A. Nisbet, *La tradition sociologique,* 1966, trad. Paris, PUF, 1984.

sociale est d'autant plus ambigu que ses liens avec le pouvoir sont multiples. Que peut être alors une science de la société ? Ne doit-elle pas être du même type que les sciences de la nature ? Mais peut-on se contenter de décrire le réel lorsque celui-ci prend le visage révoltant de la détresse humaine ? La société est fille de l'histoire et les hommes en sont les acteurs ; vouloir la penser n'est-ce pas vouloir saisir le sens et les enjeux de son devenir ?

La pensée sociale du XIXe siècle va aborder indirectement ces questions qui constitueront l'une des dimensions épistémologiques fondamentales de la sociologie moderne. A travers les balbutiements d'une connaissance malhabile à associer les idées aux faits, souvent prompte à déraper dans la dénonciation et le combat ou à se satisfaire de constructions plus rhétoriques que théoriques se travaille ainsi, tout au long du siècle, le terrain sur lequel s'établira la sociologie.

I. — Enquête sociale et recueils statistiques

1 / Le XIXe siècle voit la mise en place progressive, tâtonnante mais irrépressible, d'un puissant appareil d'observation du social, que le XXe siècle n'aura plus qu'à rationaliser et à systématiser. Pour la première fois peut-être s'opère une convergence inédite et féconde entre des intérêts étatiques de contrôle social, des préoccupations humanistes et hygiénistes d'aide aux populations les plus déshéritées et un souci scientifique d'application aux faits humains des méthodes mathématiques éprouvées dans les sciences de la nature. Rien cependant de systématique dans cette rencontre, mais plutôt l'impression d'un bouillonnement et d'un foisonnement extraordinaires, mobilisant de multiples acteurs.

Si les grandes administrations qui progressivement passent de l'enquête ponctuelle au recensement systématique font appel à leurs fonctionnaires, les sociétés savantes, les bureaux d'assistance, et les diverses initiatives privées qui président au lancement de recherches s'appuient essentiellement sur tous ceux que leur position met en situation d'observation privilégiée : médecins, prêtres, magistrats, enseignants... En l'absence d'un corps spécialisé d'observateurs du social, tel que le XXe siècle en instituera, c'est à ces intermédiaires que chacun recourt : Chaptal mobilisant les préfets pour l'enquête de 1800 n'hésite pas à leur donner la consigne suivante :

« Vous ne manquerez pas de vous adresser aux hommes de votre département les plus éclairés, à ceux qui, par leur position, sont le plus à portée de bien voir et qui, par leur attachement à la patrie, sont le plus disposés à communiquer le résultat de leurs observations. »[1]

John Sinclair est le pionnier incontesté de ce mouvement. Il publie de 1791 à 1799 les 20 volumes de son *Etat statistique de l'Ecosse.* Agronome féru de réforme, il avait décidé d'envoyer à tous les pasteurs des 160 paroisses d'Ecosse un questionnaire de 160 questions sur l'état géologique, géographique, historique, démographique de leur circonscription. Cet envoi devait inaugurer une longue correspondance de plus de 20 000 lettres[2]. Villermé, qui pour son enquête sur l'état des ouvriers des fabriques de textile n'a pas hésité à arpenter la France, souligne pareillement le rôle décisif de ces « intermédiaires » :

« Partout des magistrats, des médecins, des fabricants, de simples ouvriers se sont empressés de me seconder. Avec leur aide, j'ai pu tout voir, tout entendre, tout connaître. Ils m'ont, comme à l'envi, fourni des renseignements. »[3]

Par-delà cette diversité des acteurs sollicités et les risques qu'elle comporte de dispersion et de distorsion des renseignements obtenus se mettent en place de véritables institutions de recueil d'information : si les premiers grands recensements de population apparaissent au XVIIIe siècle — notamment dans les pays scan-

1. Cité *in* M. N. Bourguet, Race et histoire, l'image officielle de la France en 1800, revue *Annales,* vol. 31, n° 4, 1976, p. 802-823.

2. Voir sur ce point R. E. Kent, *A history of British empirical sociology,* Aldershot, Gower Publishing Company Limited, 1981.

3. L. R. Villermé, *Tableau de l'état physique et moral des ouvriers employés dans les manufactures de coton, de laine et de soie,* Paris, 1840.

dinaves qui manifestent à cet égard une avance remarquable —, c'est au début du XIXe siècle que s'instituent les premières procédures de collecte et de publication périodiques. Concernant d'abord les données démographiques globales — mariages, naissances, décès — l'entreprise gagne les divers secteurs de la vie sociale et crée, au gré des organisations étatiques et des structures administratives, la statistique industrielle, la statistique agricole, la statistique criminelle, la statistique scolaire...

A côté ou en marge de ces entreprises officielles se développent des sociétés savantes d'un nouveau type, associant entrepreneurs, hygiénistes, savants, philanthropes. Elles apparaissent pour la plupart au détour des années 1830 : Société française de Statistique universelle (1829), Société libre de Statistiques (1830), Statistical society of London (1833), Manchester statistical society (1833)... Elles publient régulièrement des enquêtes et comptes rendus, que la presse à son tour commente.

2 / A bien des égards cette époque est marquée par une foi scientiste dans les vertus de la mesure que confortent le développement des méthodes statistiques et les premiers succès rencontrés dans leur application aux faits humains[1]. Alexandre Parent-Duchatelet écrit ainsi :

« A l'époque actuelle, un esprit judicieux peut-il être satisfait de ces expressions : beaucoup, souvent, quelquefois, très souvent, etc., dont on s'est contenté jusqu'ici (...) Toute assertion de cette nature ne peut avoir de valeur sans les chiffres qui seuls permettent la comparaison : ce n'est qu'à l'aide de cette méthode que l'on fait avancer la science, et que l'on offre à l'administra-

1. Le grand initiateur dans ce domaine est le statisticien belge Adolphe Quételet (1796-1874) qui applique systématiquement les lois de distribution statistique à divers indicateurs sociaux et humains : *Essai de physique sociale,* Paris, 1835 ; *Anthropométrie ou mesure des différentes facultés de l'homme,* Bruxelles, 1870.

tion le moyen de marcher avec confiance de perfectionnements en perfectionnements. »[1]

Peut-on alors dire qu'à travers l'enquête sociale — entendue au sens large que lui donne le XIXe siècle — s'élaborent les premières formes d'une connaissance proprement sociologique ?

Comme le souligne R. E. Kent[2], beaucoup des enquêtes empiriques produites durant cette période vont au-delà de la simple « sociographie descriptive ». S'inaugurent très tôt des techniques de recueil d'informations (questionnaires, guides d'entretien) et d'analyse statistique des données (calculs de moyennes et de pourcentages, tabulation croisée) qui anticipent très clairement les méthodes de la sociologie empirique du XXe siècle. Bien plus, à côté de l'approche quantitative des phénomènes, tout un courant d' « exploration sociale » va privilégier l'étude qualitative, fondée sur l'observation *in situ*. Cela donnera lieu à des descriptions souvent aiguës, telle celle des ouvriers du textile de Mulhouse visités par Villermé :

> « Il y a parmi eux, une multitude de femmes pâles, maigres, marchant pieds nus au milieu de la boue, et qui faute de parapluie portent renversé sur la tête lorsqu'il pleut, leur tablier ou leur jupon de dessus, pour se préserver la figure et le cou, et un nombre encore plus considérable de jeunes enfants, non moins pâles, non moins hâves, couverts de haillons tout gras de l'huile des métiers tombée sur eux pendant qu'ils travaillent » *(ibid.)*.

Que ce courant se soit associé au précédent — ce qui fut le cas de Villermé — ou qu'il s'en soit nettement détaché, il ne peut que renforcer l'idée que se constituent ainsi les prémices d'une connaissance scientifique du social. Celle-ci atteindra sans doute sa forme la plus

1. *De la prostitution dans la ville de Paris*, 1836, rééd. Paris, Le Seuil, 1981, Introduction, p. 67.
2. *Op. cit.*, p. 28 et sq.

achevée dans les œuvres du Français Frédéric Le Play et de l'Anglais Charles Booth[1]. Mais, simultanément, s'y marqueront les faiblesses d'une connaissance trop ignorante des conditions épistémologiques de construction d'un savoir scientifique.

3 / Le cas de Frédéric Le Play (1806-1882) est sans doute le plus exemplaire. Cet ancien polytechnicien, ingénieur des Mines, dont la carrière professionnelle se réalisa entièrement au sein de cette Ecole où il occupa diverses fonctions successives, fut simultanément l'inventeur d'une méthode systématique de recueil de données sociales, un conseiller écouté de Napoléon III, un dignitaire du Second Empire, et le fondateur d'un mouvement d'étude et de réforme, la Société d'Economie sociale, qui, à travers diverses péripéties, s'est perpétué jusqu'à nos jours[2]. Son œuvre essentielle, *Les ouvriers européens,* 1855, présente 36 monographies de familles ouvrières, réalisées dans l'Europe entière. Elle inaugure un mouvement de recherche qui, par l'intermédiaire de la Société d'Economie sociale, aboutira à la publication, de 1857 à 1912, des 13 tomes de monographies intitulées *Les ouvriers des deux mondes*.

La méthode mise au point par Le Play peut s'appréhender de deux manières différentes : à partir des monographies publiées et du mode de construction qu'elles impliquent ; à partir de la pré-

1. Charles J. Booth (1840-1916) est le maître incontesté de l'enquête sociale britannique de la seconde moitié du siècle et l'un des précurseurs les plus marquants de la sociologie empirique moderne. Ses travaux, consacrés pour l'essentiel à la pauvreté à Londres (*Life and Labour of the People of London,* 1892-1903, 17 vol.) s'appuyaient sur des recueils de données exhaustifs, établis famille par famille, grâce au concours des *school board visitors.* Elles lui permirent d'établir une classification de la pauvreté, d'en dresser, rue par rue, la carte, et d'en rechercher les causes, au moyen d'indicateurs et de tableaux croisés (cf. *Charles Booth's London,* Londres, Penguin Books, 1975).

2. Pour une étude récente du mouvement le-playsien, se référer à B. Kalaora et A. Savoye, *Les inventeurs oubliés,* Seyssel, Champ-Vallon, 1989.

sentation qu'en fit l'auteur, à la fin de sa vie, en 1879, dans un ouvrage intitulé, *La méthode sociale*[1].

Les monographies sont caractérisées par un plan systématique et unifié de recueil et d'exposition des données, comprenant 13 paragraphes rassemblés en 4 grandes parties : I. Définition du lieu, de l'organisation industrielle et de la famille ; II. Moyens d'existence de la famille ; III. Mode d'existence de la famille ; IV. Histoire de la famille.

Ce plan est intangible. Selon les cas il peut être complété par des annexes. Ainsi, dans *Les ouvriers des deux mondes*[2], l'étude consacrée au charpentier parisien est assortie de notes sur le compagnonnage, sur la grève de 1845, sur les chantiers parisiens, etc. ; celle sur la lingère de Lille, de renseignements sur la condition ouvrière à Lille, l'influence de la Belgique, l'usage des boissons... Les informations contenues sous chaque rubrique sont aussi détaillées et précises que possibles ; elles rendent compte de l'histoire des divers membres de la famille, des comportements religieux, sanitaires, alimentaires, des croyances et des divers engagements. Elles accordent une attention extrême à l'économie domestique et à l'estimation chiffrée de la totalité des biens : propriétés immobilières, argent, matériel professionnel, meubles, ustentiles, vêtements. Chaque pièce est estimée et chaque catégorie de bien donne lieu à un sous-total particulier : ainsi l'ouvrier charpentier parisien possède pour 1 870 F de meubles et de vêtements, répartis en 868,70 F de meubles, 194,20 F de linge de ménage, 69,65 F d'ustentiles et 737,45 F de vêtements. Ces derniers incluent pour toute la famille vêtements de travail et habits du dimanche ainsi que les parures de la femme :

« Bijoux : 1 paire de boucles d'oreilles en or émaillé, 5,50 F ; 1 broche en or avec verroterie, trouvée dans la rue 1,50 F ; 1 montre en argent et une chaîne en or, achetée avec l'argent reçu en héritage de la sœur, 210 F. Total, 217 F. »

Une telle méthode inaugure, en sciences sociales, la procédure de la *codification* : les renseignements sont recueillis et classés à partir d'une catégorisation préalable. Celle-ci constitue le point de départ de comparaisons réglées qui, dans la sociologie ultérieure, défricheront la voie de l'analyse multivariée : un facteur particulier étant pris comme objet d'étude — par exemple la part de la viande dans l'alimentation quotidienne — le traitement

1. Cet ouvrage a été réédité en 1989 aux Ed. Méridiens Klincksieck, assorti d'une présentation de l'œuvre de Le Play par A. Savoye.

2. Une publication récente, en fac-similé, d'un choix de monographies tirées des *Ouvriers des deux mondes* a été faite par les Ed. A l'enseigne de l'arbre verdoyant, Thomery, 1983.

s'efforcera de confronter les variations de celui-ci avec celles des autres données recueillies : niveau des ressources, métier, croyances, etc. Mais Le Play ne s'engage en aucune manière dans cette direction. Les données quantifiées qu'il accumule sont des mesures immédiates, quand bien même elles sont reconstruites : âges, tailles, surfaces, prix. Il ne s'agit en rien de ce que la méthodologie ultérieure désignera par le terme d'indicateurs. En fait, les soucis de codification et de quantification sont mis chez lui au service d'une conception préscientifique et idéologique de la société.

La lecture de *La méthode sociale* est, à cet égard, particulièrement éclairante. Le Play s'y livre à l'historique et au résumé d'une démarche dont l'axe central est le désir de porter remède aux maux de l'époque :

« J'ai vu naître en 1827, à l'époque où je quittais l'Ecole polytechnique, les souffrances sociales qui ont pris aujourd'hui un caractère si dangereux ; et comme mes condisciples les plus éminents, j'ai tout d'abord songé au moyen d'y porter remède. »[1]

Au lieu de chercher la solution dans un nouveau système, persuadé que « les hommes ont toujours voulu conquérir le bonheur et fuir la souffrance », Le Play choisit la voie de l'observation des faits. Celle-ci l'amena à une précieuse découverte : « Pour guérir les souffrances sociales, il n'y a rien à inventer » :

« Partout le bonheur consiste dans la satisfaction de deux besoins principaux, imposés absolument par la nature de l'homme. L'importance en a été signalée par toutes les grandes races (...). Le premier est la pratique de la loi morale, liée à la croyance que cette loi, émanée de Dieu, est le complément de la création matérielle de l'homme (...). Le second est la jouissance du pain quotidien. Chez les races prospères, ces besoins sont assurés par la constitution essentielle : par les deux éléments fondamentaux et permanents, le décalogue éternel et l'autorité paternelle ; par les cinq éléments variables : les rites de la religion, l'organisation de la souveraineté et les trois formes de la propriété foncière » (*ibid.*, p. 217).

Ces convictions semblent s'être forgées peu à peu chez Le Play. Ses multiples voyages et notamment sa confrontation avec les sociétés patriarcales de la Russie méridionale en 1837 leur ont donné leur assise. Elles constitueront le noyau d'idées que Le Play défendra opiniâtrement après 1850 et qui constitueront son programme de réforme sociale. L'intérêt est qu'elles se

1. F. Le Play, *La méthode sociale*, 1879, rééd. Paris, Librairie des Méridiens Klincksieck, 1989, p. 12.

marient intimement avec une conception positiviste des faits, explicitement influencée par les sciences physiques, et commandant le protocole de leur recueil et de leur utilisation.

Ainsi, chez Le Play, le souci, particulièrement neuf, de procéder à des monographies comparatives de familles appartenant à des contextes civilisationnels très différents, la rigueur des prescriptions faites aux enquêteurs de terrain, l'exhaustivité des catégories retenues, visent essentiellement, en dernière analyse, à constituer un « répertoire de faits nombreux », entre lesquels la comparaison se fait spontanément, et dont les conclusions se placent naturellement sous l'évidente autorité d'une doctrine. Ce type de lien, entre une accumulation de données recueillies et établies avec une extrême minutie et une conceptualisation faible, hétérogène, usant d'un vocabulaire non épuré, idéologique et souvent moralisateur, est l'une des constantes du mode de construction de la connaissance du social tout au long du XIXe siècle.

II. — Démocratie et socialisme

1 / Enquêtes sociales et recensements statistiques procèdent au XIXe siècle d'un même souci : connaître pour agir. Les bouleversements sociaux et politiques provoqués par la révolution industrielle et l'émergence de nouvelles couches sociales, l'urgence et la violence des problèmes posés lient étroitement désir de connaissance et volonté d'intervention. Mais cette dernière fait basculer dans le champ du politique : les faits mis au jour servent d'arguments pour l'élaboration de lois de protection sociale ou pour la condamnation sans appel du système socio-économique. Il ne s'agit plus alors d'accumuler des informations, mais de saisir le principe régissant l'organisation de la société. Une telle entreprise peut avoir des fortunes diverses. La multiplication des courants socialistes, anarchistes et réfor-

mateurs au cours du XIXe siècle en porte témoignage. Elle a cependant un tout autre intérêt : celui d'associer dans une unité nouvelle les préoccupations et le désir de connaissance du temps aux grands modèles de la philosophie politique et de la philosophie de l'histoire.

Ainsi s'esquisse une autre voie dans la construction d'une connaissance du social. L'accent n'y est plus mis sur l'accumulation de données empiriques et le dégagement de régularités statistiques, mais sur la mise en évidence d'un *principe organisateur*. Tocqueville et Marx, qu'il est d'usage d'opposer, représentent tous deux exemplairement cette voie.

2 / Alexis de Tocqueville (1805-1859) nous semble donner la clef de son entreprise dans les deux phrases suivantes :

> « Il faut une science politique nouvelle à un monde tout nouveau. »[1]
>
> « L'organisation et l'établissement de la démocratie parmi les chrétiens est le grand problème politique de notre temps. Les Américains ne résolvent point ce problème, mais ils fournissent d'utiles enseignements à ceux qui veulent le résoudre » (*ibid.*, p. 420).

L'idée centrale de la pensée de Tocqueville est celle de la marche inéluctable de la démocratie. Qu'elle se soit imposée à lui au cours de son premier séjour aux Etats-Unis, comme il le suggère dans l'Introduction de la *Démocratie en Amérique,* ou qu'il en ait conçu le plan bien avant, il importe essentiellement d'en saisir la place dans son entreprise de connaissance.

Or celle-ci est claire : la démocratie, ou l'égalité de conditions, qui constitue le principe vers lequel tendent, dans les affres des révolutions, les sociétés modernes, a d'abord pu s'établir et « se développer paisi-

1. A. de Tocqueville, *De la démocratie en Amérique,* 1835, t. 1, Introduction, Paris, Garnier-Flammarion, 1981, p. 62.

blement » aux Etats-Unis où elle apparaît comme « le fait générateur dont chaque fait particulier semble descendre » (p. 57). Etudier l'Amérique c'est donc étudier la démocratie en acte, non dans un quelconque souci de panégyrique, comme le rappelle Tocqueville à la fin de son introduction, mais afin « d'en discerner clairement les conséquences naturelles ».

Penser l'organisation sociale à partir de l'organisation politique et ramener cette dernière à un principe unique renoue avec la problématique de Montesquieu. En revanche saisir ce principe comme l'enjeu décisif du moment historique actuel, prendre pour terrain non plus les sociétés antiques ou historiques, mais une société moderne, y séjourner un an (d'avril 1831 à mars 1832) afin d'y observer *in situ* le développement en acte du principe, autant de traits d'une démarche de connaissance neuve.

Celle-ci, cependant, n'est pas aisément identifiable. Tocqueville ne pratique pas la référence aux sources comme se l'impose la sociologie moderne. Mis à part lorsqu'il s'agit de faits juridiques ou institutionnels pour lesquels existent des textes qu'il peut évoquer, son discours est allusif. Ceci est particulièrement net dans le second tome de *La démocratie*. Or simultanément, il s'y donne à résoudre des questions très précises : « Pourquoi les Américains s'attachent plutôt à la pratique des sciences qu'à la théorie » (I, chap. X) ; « Pourquoi les écrivains et les orateurs américains sont souvent boursouflés » (I, chap. XVIII) ; « Pourquoi on trouve aux Etats-Unis tant d'ambitieux et si peu de grandes ambitions » (III, chap. XIX)... Dans cet exercice Tocqueville utilise spontanément une méthode qui pourrait relever du procédé, si elle n'était parfaitement maîtrisée : celle de la reconstruction réflexive d'une logique de comportement.

« Pourquoi les Américains ont si peu de susceptibilité dans leur pays et se montrent si susceptibles dans le nôtre ? » (III, chap. III). Le développement de Tocqueville est le suivant :

— les sociétés aristocratiques formalisent les rapports entre les individus. A l'envers dans une société démocratique, où les différences de rang s'effacent, l'étiquette perd de son importance ;

— la chose se passe ainsi aux Etats-Unis : on y constate une indulgence et une confiance réciproques des Américains dans leurs rapports ; les institutions politiques incitent les individus de toutes les classes à se rencontrer et à coopérer, et l'on ne s'y « laisse point émouvoir pour des bagatelles ».

« J'ai remarqué bien des fois qu'aux Etats-Unis, ce n'est point une chose aisée que de faire entendre à un homme que sa présence importune. Pour en arriver là, les voies détournées ne suffisent pas toujours. »

Or, transporté en Europe, « ce même homme » devient d'un « commerce méticuleux et difficile ». Pourquoi ? Tout simplement car « ces deux effets si différents sont produits par la même cause ». Confronté à une société conservant partiellement ses hiérarchies, dont il ignore l'étiquette, il ne sait comment se situer et craint toujours de blesser ou d'être offensé :

« Il marche donc toujours ainsi qu'homme environné d'embûches ; la société n'est pas pour lui un délassement, mais un sérieux travail. Il pèse vos moindres démarches, interroge vos regards et analyse avec soin vos discours, de peur qu'ils ne renferment quelques allusions cachées qui le blessent. »

Le raisonnement de Tocqueville consiste donc à rendre intelligible un comportement social à partir du principe d'organisation du système considéré. Malgré l'usage du terme de cause et le projet de cette partie de mettre en évidence l'influence de la démocratie sur les mœurs entendues au sens large, le comportement ne se laisse pas déduire du principe ; *il est reconstruit dans sa logique interne et exemplifié au moyen d'anecdotes typiques*. Par-delà la thèse proprement sociopolitique de l'auteur s'esquisse ainsi un mode d'interprétation du social qui, dans la tradition ultérieure, sera celui de *la sociologie compréhensive*.

3 / Si la référence épistémologique de Tocqueville semble bien devoir être d'abord cherchée chez Montesquieu, Hegel est, à n'en point douter, celle de Marx : la connaissance du social y est fille d'une philosophie de l'histoire.

A l'image cependant de Tocqueville, Marx (1818-1884) est profondément inséré dans son temps. Cela ne se marque pas seulement par ses liens étroits avec le mouvement ouvrier naissant et par son engagement politique radical : son apport à la connaissance du social serait faible s'il se résumait à l'énoncé d'une doctrine politique. Cela ne se marque pas non plus uniquement par l'invention et le développement d'une théorie dont l'audience et le poids politique seront déterminants pendant près d'un siècle. L'apport essentiel de Marx réside dans la construction d'un cadre et d'une méthode d'analyse du social sans équivalent au XIXe siècle. Celle-ci est exprimée très rigoureusement dans le texte justement célèbre de la Préface à la *Contribution à la critique de l'économie politique* :

« Dans la production sociale de leur existence, les hommes entrent en des rapports déterminés, nécessaires, indépendants de leur volonté qui correspondent à un degré de développement déterminé de leurs forces productives matérielles. L'ensemble de ces rapports de production constitue la structure économique de la société, la base concrète sur quoi s'élève une superstructure juridique et politique et à laquelle correspondent des formes de conscience déterminées. Le mode de production de la vie matérielle conditionne le processus de vie social, politique et intellectuel en général. Ce n'est pas la conscience des hommes qui détermine leur être ; c'est inversement leur être social qui détermine leur conscience. A un certain stade de leur développement, les forces productives matérielles de la société entrent en contradiction avec les rapports de production existants ou, ce qui n'en est que l'expression juridique, avec les rapports de propriété au sein desquelles elles s'étaient mues jusqu'alors. De formes de développement des forces productives qu'ils étaient, ces rapports en deviennent des entraves. Alors s'ouvre une époque de révolution sociale. »[1]

Dans le même mouvement conceptuel, Marx fournit le principe de ce que l'on peut appeler une architectonique et une dynamique du social. La société est composée de trois étages : une infrastructure économique, une superstructure juridique et politique, des formes de conscience sociale. Entre ces trois étages la détermination s'effectue du bas vers le haut. Le principe d'organisation

1. K. Marx, *Contribution à la critique de l'économie politique*, 1859, Paris, trad. Ed. Sociales, 1978, p. 2-3.

d'une société donnée réside donc dans son organisation économique, son « mode de production » qui « conditionne » l'ensemble de la vie sociale. Mais ce mode de production est lui-même une structure dynamique associant des forces productives (c'est-à-dire des moyens de travail) et des rapports de production, c'est-à-dire des rapports entre les hommes et les moyens de travail d'une part, entre les hommes entre eux de l'autre. Les forces productives sont donc susceptibles de se développer, de se multiplier, de se complexifier au fur et à mesure du développement économique. A l'inverse les rapports de production tendent à s'inscrire dans des rapports juridiques qui les figent d'autant plus qu'ils sont la base de rapports de classes : la manufacture du XVIe siècle, en rassemblant en un même lieu de multiples ouvriers, va rationaliser le processus de production en introduisant une division des tâches, et, par conséquent, accroître très fortement leur capacité productive. Mais le développement d'une telle forme de production suppose l'existence d'ouvriers libres de s'embaucher. Elle entre donc en contradiction avec les rapports féodaux qui attachent le paysan à la terre et les législations des corporations qui lient l'ouvrier à son métier. Cette contradiction est le fondement même de la révolution industrielle, qui n'est rien d'autre que la substitution d'un mode de production et d'une société capitalistes à un mode de production et une société de type féodal.

Au cœur de cette exposition aussi bien qu'en celui des diverses analyses concrètes de Marx, à quelque niveau qu'elles se déploient, la notion de contradiction renvoie à une approche dialectique des phénomènes. Ceux-ci sont analysés non comme des structures fixes ou comme les effets de lois physiques mais comme les moments de processus en devenir, dont il importe de saisir l'essence. L'histoire, non plus comme horizon, cadre ou fin de l'activité humaine mais comme dimension constitutive du social, fait ainsi son entrée dans la pensée sociologique naissante[1].

Les grands problèmes posés depuis le début des années 1830 s'éclairent alors d'un jour nouveau. Les faits rapportés par les enquêtes ouvrières sur le dénuement des couches populaires trouvent une théorie susceptible d'en dégager le principe : les nouveaux rapports de

1. A propos de la dialectique on consultera avec profit les points de vue différents de H. Lefebvre, *Logique formelle, logique dialectique,* Paris, Ed. Sociales, 1946, et de G. Gurvitch, *Dialectique et sociologie,* Paris, Flammarion, 1962.

production capitalistes exigent une main-d'œuvre abondante et non qualifiée dont le développement du machinisme abaisse même les seuils de mobilisation de la capacité physique ; femmes et enfants peuvent prendre le chemin de la mine et des grandes fabriques de textile. La misère ouvrière n'est ni un accident ni l'effet temporaire d'une mutation économique nécessaire. Elle est inscrite au plus profond du fonctionnement capitaliste : contraint d'investir toujours plus dans les machines, chaque entrepreneur n'assure son profit qu'en accroissant parallèlement la part de plus-value qu'il retire du travail ouvrier. La baisse tendancielle des taux de profit, l'exploitation croissante de la classe ouvrière, la prolétarisation continue de la petite bourgeoisie sont autant de contradictions insurmontables vouant le capitalisme à sa ruine et à son dépassement par un nouveau mode de production.

On conçoit alors combien l'analyse proprement économique du capitalisme, l'étude sociopolitique des conflits de classe qui émaillèrent le siècle et l'engagement politique au sein du mouvement socialiste naissant, purent se nouer en une théorie unique que Marx et Engels appelèrent matérialisme historique. Quel est l'apport de ce dernier à la construction de la sociologie ?

La réponse à cette question est d'autant plus difficile que le marxisme va nouer, tout au long de son histoire, un dialogue complexe avec les sciences sociales que surdéterminera son statut de théorie de référence des régimes socialistes. Objet de répulsion pour ses engagements idéologiques, de fascination pour sa puissance explicative et son radicalisme critique, il interviendra dans le champ de la sociologie de façon très différente selon le poids que lui donnera la conjoncture historique et politique : débats au sein de la Seconde Internationale, soutien à la Révolution d'Octobre, résistance au nazisme, guerre froide, révolte des années 60... S'il est en ce sens à l'horizon de la sociologie, sa situation idéologique occulte souvent son apport spécifique au point que le retour à Marx est l'un des leitmotive de la pensée marxiste du XXe siècle.

L'apport de Marx à la construction de la sociologie proprement dite se fait ainsi par strates ou dévoilements successifs. La référence hégélienne et l'engagement socialiste dominent d'abord. Ce n'est que peu à peu, par la médiation des polémiques au sein de — ou avec — la pensée marxiste, que seront mis en avant les thèmes les plus féconds pour la connaissance du social : la conception architectonique de la société et la détermination de la superstructure idéologique et juridique par l'infrastructure économique ; la constitution des classes sociales et le rôle de leurs conflits dans le développement des sociétés ; l'approche dialectique comme saisie du dynamisme interne aux structures ou situations étudiées.

III. — Les prémices d'une sociologie scientifique

1 / Ni les mouvements de l'enquête sociale, ni même davantage ceux de la réflexion et de l'engagement sociopolitiques, ne visent à construire une discipline scientifique ; la connaissance y est, dans les deux cas, subordonnée à des valeurs pratiques. Tout au long du siècle, à l'inverse, un troisième courant cherchera, selon des modalités et des fortunes diverses, à inscrire la connaissance du social dans l'ordre de la science.

2 / Si Auguste Comte est parfois considéré comme le père fondateur de la sociologie moderne, c'est certainement parce qu'il est le premier à avoir énoncé clairement la nécessité d'une sociologie scientifique :

« Maintenant que l'esprit humain a fondé la physique céleste, la physique terrestre, soit mécanique, soit chimique ; la physique organique, soit végétale, soit animale, il lui reste à terminer le système des sciences d'observation en fondant la physique sociale. Tel est aujourd'hui, sous plusieurs rapports capitaux, le plus grand et le plus pressant besoin de notre intelligence : tel est, j'ose le dire, le premier but de ce cours, son but spécial. »[1]

Enoncer un objectif ne préjuge cependant pas de la manière dont on le réalise. Auguste Comte (1798-1856) exerça au XIXe siècle une influence considérable. Reçu à l'Ecole polytechnique à quinze ans, renvoyé pour avoir pris la tête d'une manifestation contre un enseignant, secrétaire de Saint-Simon quelques années, il sera voué à une existence précaire, malgré un retour comme répétiteur à Polytechnique. Progressivement évincé de l'Ecole, il ne subsistera à partir de 1852 que grâce à un subside instauré pour subvenir à ses besoins : « Le grand-prêtre de l'Humanité vécut de la religion nouvelle » écrira un commentateur[2].

Une telle appréciation aurait de quoi surprendre si l'on ignorait que philosophie, science et religion se nouent d'une manière très particulière dans l'œuvre de Comte dont le dernier grand écrit s'intitule : *Système de politique positive ou Traité de sociologie instituant la Religion de l'Humanité*.

Le sens de l'entreprise, la place qu'y occupe la sociologie, et la célèbre loi des trois états que Comte considère comme sa découverte fondamentale, sont énoncés dès 1822, dans un opuscule qui trace en fait un programme qui sera suivi scrupuleusement : le *Plan des travaux nécessaires pour réorganiser la société*[3].

L'orientation de l'ouvrage est, fondamentalement, pratique. Il s'agit de réorganiser la société, de la faire sortir de l'état de crise

1. A. Comte, *Cours de philosophie positive,* 1830-1842, Paris, Librairie Garnier, 1926, première leçon, § VI, p. 44-45.

2. Ch. Le Verrier, Introduction au *Cours de philosophie positive,* Librairie Garnier, *op. cit.*, p. XIX.

3. Réédité Paris, Aubier-Montaigne, 1970, avec présentation et notes par A. Kremer-Marietti.

où elle se trouve. Mais cette crise illustre un changement de civilisation à l'œuvre, comme l'indiquent les premières phrases de l'ouvrage :

« Un système social qui s'éteint, un nouveau système parvenu à son entière maturité et qui tend à se constituer, tel est le caractère fondamental assigné à l'époque actuelle par la marche générale de la civilisation » (p. 56).

Face à cette crise, « à l'anarchie qui envahit de jour en jour la société », les solutions antagoniques du retour à l'âge théologique et du libéralisme moderne sont également pernicieuses, en ce qu'elles n'adoptent pas une « direction organique » pour résoudre le problème.

« La destination de la société parvenue à sa maturité n'est point d'habiter à tout jamais la vieille et chétive masure qu'elle bâtit dans son enfance, comme le pensent les rois ; ni de vivre éternellement sans abri après l'avoir quittée comme le pensent les peuples ; mais, à l'aide de l'expérience qu'elle a acquise, de se construire avec tous les matériaux qu'elle a amassés, l'édifice le mieux approprié à ses besoins et à ses jouissances. Telle est la grande et noble entreprise réservée à la génération actuelle » (p. 71).

Or ce grand projet nécessite une autre méthode que celle suivie par tous les réformateurs sociaux. Prétendre y parvenir par une nouvelle constitution ou un nouveau plan, élaboré en quelques mois, est « une chimère extravagante ». Il faut à l'inverse le concevoir comme une « entreprise essentiellement théorique », en laquelle la connaissance se conjugue aux valeurs en se fixant comme premier objectif la « réorganisation spirituelle de la société ».

Peuvent alors, à ce point du développement, se mettre en place les grandes lignes de la pensée de Comte :

— cette réforme ne doit plus être l'affaire des légistes, mais celle des savants : « Les savants doivent aujourd'hui élever la politique au rang des sciences de l'observation » (p. 94) ;
— elle doit s'appuyer sur l'état atteint par l'esprit dans son évolution nécessaire, l'état de la science positive, qui succède à ceux de la pensée théologique et de la métaphysique ;
— elle doit enfin, par l'instauration d'une physique sociale, répondre à la question suivante : « Quel est, d'après l'observation du passé, le système social destiné à s'établir aujourd'hui par la marche de la civilisation ? » (p. 128).

L'œuvre de Comte réalise ce programme en deux moments successifs : le premier, coïncidant avec le *Cours de philosophie positive,* correspond à ce qu'il appellera son « élaboration philosophique », tandis que le second, s'exprimant dans le *Système de politique positive,* relève de sa « construction religieuse »[1]. En fait les deux démarches sont solidaires et instaurent la physique sociale comme leur cœur. La première vise à achever le système de philosophie positive constitué par l'articulation rationnelle des disciplines scientifiques ; la seconde à construire, à partir de la sociologie, le noyau spirituel d'une politique positive, prenant alors le nom de « religion de l'Humanité ».

Que résulte-t-il, pour la construction de la sociologie, d'une telle entreprise ? Trois choses :

a) La « physique sociale » trouve son lieu épistémique, c'est-à-dire sa place en tant que discipline scientifique : le *Cours de philosophie positive*[2] élabore une classification rationnelle des sciences à partir des caractéristiques de leur objet. Il oppose les phénomènes des « corps bruts » à ceux des « corps organisés » et hiérarchise la connaissance du simple au complexe ; la physique « inorganique » (astronomie et physique terrestre) précède et présuppose la physique « organique » (physiologie et physiologie sociale). La sociologie (physiologie sociale) est ainsi la dernière des sciences parce que celle dont l'objet est le plus complexe.

b) Cet objet même peut être envisagé selon deux dimensions : la statique et la dynamique. Dans la première partie de son œuvre, Comte mettra en avant, à travers la loi des trois états, la dynamique sociale. Dans le *Système de politique positive,* il insistera sur la statique sociale. Celle-ci, centrée sur la notion d'*ordre,* réalise le lien avec les disciplines antérieures (la biologie — ou physiologie dans le vocabulaire de Comte),

1. *Système de politique positive,* vol. 3, p. 5, rééd. en fac-similé, Paris, Anthropos, 1970.
2. Deuxième leçon, § IX et X.

tout en s'articulant étroitement avec la dynamique selon un « principe général » ainsi défini :

> « Il consiste proprement à concevoir toujours le progrès comme le développement graduel de l'ordre. En sens inverse, il représente l'ordre comme manifesté par le progrès » (vol. 2, p. 2).

c) La science sociale ainsi conçue est une science théorique. Sa place dans l'architecture des disciplines lui permet d'adopter une méthode déductive, fondée sur la double loi de l'ordre, inhérente aux corps organisés, et de l'évolution nécessaire aussi bien de l'esprit que de la civilisation humaine, en un mot de l'Humanité. Ce ne sont donc pas des connaissances nouvelles qu'apporte Comte, mais une mise en construction conceptuelle et théorique des grandes étapes de l'histoire de l'humanité. Si la sociologie est par ailleurs conçue comme une science positive de faits et d'observations, ces derniers ne contribuent qu'à remplir le cadre préalablement dessiné.

3 / Il y a donc, chez Comte, un mode déterminé de construction de la connaissance. Le positivisme implique le rejet de toute causalité métaphysique et de tout appel à l'essence des choses. Seules existent les régularités observées dans l'expérience et constituées en lois. Mais alors que la science naissante procède par tâtonnements et induction, la science développée peut, s'appuyant sur les lois déjà mises en évidence, opérer déductivement : il suffira dès lors que des faits puissent venir conforter les constructions théoriques. Ce type de lien entre théorie et empirie est en fait *externe* : la fécondation réciproque par laquelle l'objet, dans une discipline scientifique, se construit de la mise à l'épreuve réglée d'hypothèses théoriques au moyen de données systématiquement constituées, est ici totalement absente. Or cette extériorité réciproque est l'un

des traits les plus caractéristiques de la sociologie naissante. Dans la seconde moitié du XIXe siècle elle se marquera d'un côté par une adhésion non critique à une conception générale et de l'autre par un souci minutieux, tatillon et parfois obsessionnel des faits.

L'ampleur et la force du projet d'Auguste Comte pouvaient d'autant plus facilement masquer cette fragilité épistémologique que l'auteur du *Cours de philosophie positive* était moins suspect d'ignorance en ce domaine. Celle-ci à l'inverse se révèle en toute netteté dans une multitude de textes qui, durant la seconde moitié du XIXe siècle, associeront un évolutionnisme parfois qualifié de darwinisme social, à un usage non critique et parfois quasi obsessionnel des faits.

Le point commun est ici l'analogie biologique : il est facile de glisser du concept classificatoire de corps organisé à la métaphore d'organisme social, et de celle-ci à l'assimilation pure et simple d'un ordre à l'autre ; il l'est également de ramener l'évolution des sociétés à celle des espèces et de vouloir fonder les hiérarchies sociales sur des différences biologiques : l'organicisme, la criminologie italienne, et le mouvement qui se désignera à la fin du siècle du nom d'anthroposociologie illustrent à des degrés divers une telle dérive.

Celle-ci a certes des raisons idéologiques : le courant de l'anthroposociologie entend montrer que :

« Ce qu'on a appelé à notre époque la lutte des classes est, au fond et sous une forme aussi inattendue que détournée, une lutte de races. C'est, déclarons-le, la lutte des brachycéphales contre les dolychocéphales ».[1]

Mais ce qui est neuf c'est que cette résurgence d'une conception raciste trouve dans l'évolutionnisme sociologique d'une part, dans les techniques anthropométriques de l'autre, des instruments de légitimation scientifique : en France, en Italie, en Espagne, en Angleterre, on mesure l'indice céphalique de populations diverses afin de mettre en évidence une loi de stratification sociale, aboutissant, dans chaque cas, à une hiérarchie des races

1. O. Ammon, Histoire d'une idée, l'anthroposociologie, in *La Revue internationale de Sociologie,* vol. VI, Paris, 1898, p. 144-181. A propos de ce courant, voir S. J. Gould, *La mal-mesure de l'homme,* trad. Paris, Ramsay, 1983.

identique. Travail de mesure, de comparaison, d'argumentation qui semble si évidemment scientifique que *L'Année sociologique* lui consacrera une rubrique dans ses trois premiers numéros !

Le dévoiement manifeste du travail scientifique auquel se livrent les idéologues de l'anthroposociologie exprime donc clairement la fragilité méthodologique et épistémologique de la sociologie naissante. Car les mêmes défauts se retrouvent au service d'une idéologie non suspecte de racisme dans la criminologie italienne, dont le développement est considérable à l'époque. Accumulant les mesures, les indices, les descriptions, celle-ci ne parvient souvent pas à autre chose qu'à ranger cette multiplicité empirique sous les catégories non critiques d'un évolutionnisme plat[1].

Cette fragilité semble bien liée à une sorte de cécité critique dans la construction et le traitement de l'objet. Rien n'est plus éclairant à cet égard que l'appel à l'analogie biologique dont abusent, dans le dernier quart du siècle, des auteurs comme Paul de Lilienfeld ou René Worms[2]. Celle-ci autorise toutes les transpositions mécaniques d'un ordre à l'autre et substitue à la rigueur scientifique du traitement d'un objet la rhétorique d'une métaphore complaisamment filée.

Cependant, peut-être est-il nécessaire à une discipline, pour se constituer, d'en passer par de tels tâtonnements. Car si l'analogie biologique autorise des escroqueries mises au service d'idéologies douteuses, elle rend également possible une mise en ordre des faits qui, pour ne pas être encore rigoureusement scientifique, va cependant au-delà de la simple compilation. Tel est sans aucun doute l'apport de Herbert Spencer (1820-1895).

Instituteur, journaliste, ingénieur des Chemins de Fer, Spencer a construit une œuvre considérable, traitant aussi bien de biologie, de psychologie, de morale, de philosophie que de sociologie. Considéré comme l'un des fondateurs de l'évolutionnisme, il consacre à la sociologie un fort traité en trois volumes où l'on trouve le plus clairement à l'œuvre le mode de raisonnement qu'autorise l'analogie biologique. Dans *Les principes de sociologie*[3], il pose que « la société est un organisme » : l'augmentation de taille et de volume, la complexification et la différenciation in-

1. Voir par exemple les deux ouvrages de C. Lombroso, *L'homme criminel,* trad. Paris, Alcan, 1876, et, en collaboration avec G. Ferrero, *La femme criminelle et la prostituée,* trad. Paris, Alcan, 1896.

2. René Worms fonde en 1893 la *Revue internationale de Sociologie* qui sera le lieu où s'exprimeront, jusqu'à la fin du siècle, l'organicisme et l'anthroposociologie.

3. *The principles of sociology* ont été publiés de 1876 à 1894 et traduits aussitôt en France.

terne croissantes, la division fonctionnelle des tâches caractérisent aussi bien les organismes vivants que les sociétés et autorisent une analogie qui paraît de plus en plus « étroite » à mesure qu'on la pousse[1]. Celle-ci commande les divers développements suivants, consacrés à la croissance sociale, la structure sociale, les fonctions sociales et les divers appareils. A chaque fois la comparaison pose une identité structurelle et fonctionnelle et l'illustre en parallèle dans les deux ordres; ainsi par exemple :

« Cette formation d'un appareil régulateur composé, où l'on voit un centre qui domine des centres subordonnés, s'accompagne dans les organismes individuels et sociaux d'un accroissement de volume et de complexité du centre dominant » (*ibid.,* p. 107).

— dans les organismes vivants : développement progressif du système nerveux central ;
— dans les organismes sociaux : renforcement du pouvoir central autour de la personne du chef : « Aux îles Sandwich... Ellis dit que le roi de Tahiti... Aux îles Samoa, chaque chef de district a un premier ministre, selon Turner... Chez les Bitjouans... Enfin Lichtenstein nous dit... Enfin Burchell nous apprend... »

Dans un espace inférieur à deux pages imprimées, Spencer ne cite pas moins de dix faits culturels à l'appui de la thèse initiale.

Un tel mode de raisonnement, analogique et illustratif, peut être pratiqué en diverses manières. Dans le cas de Spencer cela permet, à la différence de la sociologie très abstraite de Comte, d'organiser selon une logique déterminée — fonctionnaliste et évolutionniste — une multitude de faits ethnologiques, historiques, culturels, institutionnels. Il ne s'agit déjà plus d'une compilation — comme en connaît l'ethnologie à la même époque — mais d'une mise en ordre raisonnée. Celle-ci, cependant, en reste encore à un lien externe entre théorie et faits : les « données » ethnographiques ou historiques fournies « vont de soi » et ont essentiellement une vocation illustrative.

1. *Les principes de sociologie,* t. II, chap. II, trad. franç., Paris, Librairie Germer, Baillère et Cie, 1879.

Chapitre II

FONDATIONS

Confrontée à la crise économique, sociale et culturelle par laquelle se met en place le monde moderne, la connaissance du social apparaît marquée, au XIXe siècle, par un foisonnement désordonné et hétérogène où s'éprouvent de multiples pistes : l'accumulation des enquêtes constitue un gigantesque réservoir de faits, favorisant l'émergence des premiers appareils de recensement et de classement systématiques ; des techniques de recueil et de comparaison des données s'élaborent que la sociologie ultérieure pourra développer et perfectionner ; la stimulation permanente d'un monde en devenir, se libérant progressivement de l'Ancien Régime, à travers les soubresauts révolutionnaires de 1848, le modèle d'une société démocratique en construction de l'autre côté de l'Atlantique, l'organisation et l'internationalisation de la révolte ouvrière, posent les prémices d'une réflexion sur la modernité qui parcourra par la suite toute la sociologie.

Cependant cette connaissance du social en construction souffre de faiblesses épistémologiques fondamentales. Le rapport des idées aux faits reste le plus souvent extérieur, oscillant entre les jugements de valeur préétablis et la compilation raisonnée. Si l'on trouve, notamment chez Marx ou Tocqueville, de remarquables analyses concrètes préfigurant le travail de connaissance de la sociologie ultérieure, celles-ci ne sont pas mises au service d'un projet de constitution d'une discipline nouvelle, visant à la définition critique de son objet et de sa méthode.

Or, c'est précisément à cette opération fondatrice que l'on assiste dans la dernière décennie du siècle : à travers une réflexion sur l'objet des sciences sociales et sur la nature des lois qu'elles peuvent produire, à travers l'élaboration de recherches « exemplaires », se met en place une discipline nouvelle : la sociologie.

Qu'entendre par une telle fondation ? Il ne peut s'agir simplement d'un acte ou d'une série d'actes intellectuels, de définition et d'élaboration de nouvelles formes d'activité de connaissance ; plus profondément, se réalise à cette période une sorte de coalescence, de cristallisation d'éléments divers permettant tout ensemble la constitution d'un nouveau champ de recherche, la mise en place d'un cadre épistémique, l'institutionnalisation d'une discipline.

Trois séries d'éléments entrent dans cette alchimie particulière :

a) une sorte d'épuration de la problématique de l'ancien et du nouveau, favorisée par la mise en place définitive des formes modernes de production économique et d'organisation étatique : la constitution de l'Etat allemand après 1870 et la législation sociale promulguée par Bismark, l'organisation puissante de la social-démocratie et les débats entre marxisme et révisionnisme en son sein illustrent bien cette nouvelle période où l'Etat moderne se construit à la fois contre le conservatisme clérical et le révolutionnarisme ouvrier. Les rapports sociaux propres à la société industrielle et bourgeoise apparaissent plus clairement que dans la période précédente et donnent lieu aux premières grandes élaborations théoriques de la sociologie naissante : les oppositions entre « communauté » et « société »[1] de Ferdinand Tönnies et entre « solidarité mécanique » et « solidarité organique » d'Emile Durkheim[2].

b) Une modification en profondeur du champ scientifique. La période qui se met en place après 1870 marque, avec l'essor des universités, le développement des grandes bibliothèques, la mise en place des laboratoires, une phase décisive dans l'institutionnalisation de la science moderne. Celle-ci va de pair avec le triomphe de la science expérimentale, qui gagne enfin les sciences de l'homme : en Allemagne d'abord, en Angleterre, aux Etats-Unis, en France apparaissent des laboratoires de psychologie expérimentale où s'éprouve un nouveau mode de production et de traitement des faits psychiques. Mais ce développement de la science positive ne nourrit pas seulement la foi scientiste de certains. Il rend également possible, en physique essentiellement, les protocoles expérimentaux qui, avec la découverte des rayons X, de la radioactivité, des photons, feront basculer la science moderne et détruiront ses certitudes anciennes. Au tournant du siècle, une conception nouvelle de la science s'élabore, restaurant, face au culte positiviste du fait, la valeur essentielle de la théorie.

c) La constitution de la sociologie comme discipline. Jusqu'à la dernière décennie du siècle, la connaissance du social reste l'affaire de ce que l'on appellerait aujourd'hui des « amateurs » : Villermé est un médecin, Tocqueville un magistrat, Marx un journaliste, Engels, Booth, des chefs d'entreprise, Le Play, Spencer des ingénieurs, Comte un mathématicien... Les milieux organisés qui parfois les supportent ne

1. F. Tönnies, *Communauté et société,* 1887, trad. Paris, PUF, 1944.
2. E. Durkheim, *De la division du travail social,* 1893, Paris, PUF, 1978.

sont pas construits sur une base scientifique, mais idéologique et militante. A l'inverse, la référence scientifique devient dominante après 1880. Dans chaque grand pays surgissent des revues scientifiques, qui deviennent le lieu où la discipline naissante se construit dans l'échange, la confrontation, et l'élaboration de normes[1] ; des sociétés se fondent, l'American Sociological Society (1895) aux Etats-unis, la Société belge de Sociologie à Bruxelles (1900), la Sociological Society à Londres (1903), la Deutsche Gesellschaft für Soziologie en Allemagne (1909) . Enfin, les premières chaires apparaissent, donnant à la nouvelle discipline l'assise universitaire indispensable à sa reconnaissance et à sa légitimation. Ce dernier mouvement, cependant, reste encore très précaire : si Albion W. Small fonde en 1893 la première section de sociologie à l'Université de Chicago, si Durkheim est nommé à Bordeaux en 1887 sur un cours de sciences sociales, les chaires restent peu nombreuses et il faut attendre 1907 pour en voir surgir une en Angleterre et 1914 en Allemagne, lorsque Georg Simmel est nommé sur un poste de philosophie et sociologie à l'Université de Strasbourg.

Cette première et décisive mise en place de la sociologie inaugure simultanément une de ses caractéristiques épistémiques les plus fondamentales : ce n'est pas, malgré l'univocité de son appellation, une discipline

1. Apparaissent ainsi : le *Vierteljahrsschrift für wissenschaftliche Philosophie und Sociologie* (1877), La *Revue internationale de Sociologie* (1893), les *Annales de l'Institut des Sciences sociales* (Bruxelles 1895), l'*American Journal of Sociology* (1895), la *Rivista italiana di Sociologia* (1897), *L'Année sociologique* (1898), les *Annales de Sociologie* (Société belge de Sociologie, 1900), les *Sociological papers* (Sociological Society, 1904), les *Archiv für Sozialwissenschaft und Sozial politik* (1904), la *Sociological Review* (Londres 1908)... Antérieurement et autour d'elles des revues plus larges contribuent également à asseoir la place de la sociologie, comme la *Revue philosophique,* où Durkheim publiera la première version des *Règles de la méthode sociologique* et où figureront des textes de Tarde, Spencer, Simmel, etc.

unitaire qui apparaît, mais un mode de connaissance pluriel, qui, dès sa naissance, s'inscrit dans deux « écoles » différentes : l'Ecole française et l'Ecole allemande de Sociologie. Que recouvre cette opposition ? l'ombre portée, sur une discipline scientifique, de différences nationales particulièrement fortes à l'époque ? ou, plus profondément, l'élaboration, favorisée par une tradition et un contexte culturels différents, de deux des types d'approches, des « modes d'intelligibilité », par lesquels cette discipline construit *l'intelligence de son objet*[1] ?

I. — L'Ecole française de Sociologie

1 / Dans les années 1890, la sociologie française naissante s'exprime essentiellement dans la *Revue philosophique,* fondée en 1876 par un psychologue expérimentaliste, Thèodore Ribot. D'obédience plutôt positiviste la revue accueille des textes apparemment disparates mais correspondant en fait au champ couvert par un enseignement universitaire de philosophie dont ne se sont pas encore vraiment détachées la psychologie ou la sociologie. Mis à part Gabriel Tarde, magistrat, la plupart des auteurs qui abordent des thèmes sociologiques sont d'ailleurs des enseignants de philosophie : Alfred Espinas, Alfred Fouillée, Marcel Bernès.

Les titres des articles manifestent cependant clairement le sentiment d'une discipline nouvelle : « Vues synthétiques sur la sociologie », par Alfred Fouillée, en 1880 ; « Les études sociologiques en France », par Alfred Espinas, en 1882 ; « Sur la méthode en sociologie », par Marcel Bernès, en 1895. Davantage encore, d'auteur à auteur se tisse un réseau de références croisées et de

1. Pour une explicitation détaillée de la problématique épistémologique associée à ces termes, voir J.-M. Berthelot, *L'intelligence du social,* Paris, PUF, 1990.

confrontation, qui, même lorsqu'il tourne à la polémique, atteste d'un champ commun de préoccupations. Mais celles-ci restent encore très spéculatives : Alfred Fouillée s'interroge sur une synthèse possible entre une conception organique et une conception contractuelle de la société. Si Alfred Espinas, en lui répondant, plaide pour une science empirique, qui « au lieu de se laisser résumer d'emblée en petits traités clairs et géométriques, commodes pour la propagande, (...) commence par une accumulation prodigieuse de dossiers, de recueils, de tableaux, de cartes et de graphiques, au milieu desquels elle devra longtemps se traîner avant d'aboutir à l'unité finale »[1], il ne va pas plus loin dans cette voie que Spencer qu'il cite d'ailleurs en exemple.

On conçoit alors qu'il faille réellement parler de *rupture épistémologique* pour qualifier l'apport de Durkheim. Certes une telle rupture n'est jamais exempte de continuités et il serait bien étonnant qu'elle surgisse indépendamment du terrain qui l'a rendue possible. Elle désigne cependant la mise en place théorique et pratique d'une nouvelle norme épistémique, engageant de façon irréversible l'activité scientifique.

2 / Le poids d'Emile Durkheim (1858-1917) dans la constitution de la sociologie française fut tel qu'il occulta l'existence d'autres courants et masqua les divergences souvent importantes qui se manifestèrent parmi ses proches. Si aujourd'hui la critique historique peut restaurer les faits et démonter par le détail la stratégie d'implantation institutionnelle qu'il mit en œuvre, il n'en demeure pas moins que, par une association serrée entre projet scientifique et projet institutionnel, il sut construire et consolider un véritable milieu disciplinaire.

Avec Durkheim apparaît dans la tradition française une nouvelle figure du sociologue : celle du normalien, philosophe, chef d'école, soucieux d'une unité interne et raisonnée entre les idées et les faits. Les spéculations

1. Les études sociologiques en France, *Revue philosophique*, t. XIV, octobre 1882, p. 337-367.

d'une pensée purement déductive sont autant rejetées que les fascinations d'un empirisme puéril. L'incessante exigence d'une construction rigoureuse de l'objet et d'une soumission des théories à l'impératif de la preuve parcourt toute l'œuvre et constitue la base d'un engagement militant de type nouveau, consacré à la constitution de la sociologie comme science.

Si Durkheim n'a publié que quatre ouvrages[1], il a laissé tout un ensemble d'articles, de notes de lectures, de cours[2] qui attestent d'une activité touchant à tous les grands domaines du social : la division du travail et les formes de solidarité, l'éducation, l'économie, le droit, la morale, la religion. Dans tous ces domaines il a multiplié les études concrètes et les analyses[3]. L'essentiel, cependant, du point de vue de la construction de la sociologie, réside dans deux points : d'une part dans le projet obstinément et systématiquement conduit d'inscription de la sociologie au sein du rationalisme expérimental ; d'autre part dans l'activité opiniâtre de rassemblement et de structuration d'un milieu de recherche et de réflexion autour de ce projet.

« La sociologie n'a pas à prendre parti entre les grandes hypothèses qui divisent les métaphysiciens. Tout ce qu'elle demande qu'on lui accorde, c'est que le principe de causalité s'applique aux phénomènes sociaux. Encore ce principe est-il posé par elle, non comme une nécessité rationnelle, mais seulement comme une induction légitime. Puisque la loi de causalité a été vérifiée

1. *De la division du travail social* (1893), *Les règles de la méthode sociologique* (1895), *Le suicide* (1897), *Les formes élémentaires de la vie religieuse* (1912).

2. Ceux-ci ont été publiés par la suite, soit sous forme d'ouvrages indépendants pour de grands cours comme *L'évolution pédagogique en France,* Paris, PUF, 1969, soit sous forme de recueils : *Le journal sociologique* (éd. J. Duvignaud), Paris, PUF, 1969 ; *La science sociale et l'action* (éd. J.-C. Filloux), Paris, PUF, 1970 ; les *Textes,* t. I, II et III (éd. V. Karady), Paris, Ed. de Minuit, 1975.

3. Un passage en revue très complet de l'œuvre de Durkheim et une bibliographie de base peuvent être trouvés dans l'ouvrage de J. A. Pradès, *Durkheim,* Paris, PUF, coll. « Que sais-je ? », 1990.

dans les autres règnes de la nature, que, progressivement, elle a étendu son empire au monde physico-chimique, de celui-ci au monde psychologique, on est en droit d'admettre qu'elle est également vraie du monde social. »[1]

Les *Règles de la méthode sociologique* réalisent un travail de fondation épistémologique, consistant à étendre au champ des phénomènes sociaux, la loi de la causalité à l'œuvre dans les autres domaines du réel. Cette extension est-elle légitime ? les phénomènes sociaux peuvent-ils s'y soumettre ? selon quelles modalités ? En répondant à ces diverses questions Durkheim met en place, ce que l'épistémologie contemporaine appellerait un « programme de recherche », c'est-à-dire un ensemble cohérent et ouvert de postulats et de procédures.

Le texte des *Règles*[2] établit en premier lieu la spécificité et l'autonomie du social comme domaine de connaissance : les phénomènes sociaux ne se réduisent pas à des idées, des représentations, des sentiments. Ils sont extérieurs aux individus, et s'imposent à eux, même lorsqu'ils semblent être aussi intimes que le sentiment du respect ou de la piété. De tels phénomènes, bien loin de nous être immédiatement connus, sont en réalité opaques. La familiarité qu'ils présentent à nos yeux est source de prénotions, d'idées fausses. Aussi, « la première règle et la plus fondamentale, est de considérer les faits sociaux comme des choses » (chap. 2).

Souvent mal comprise, cette règle, considérée comme l'acte de naissance de l'objectivisme en sociologie, ne postule aucune nature particulière des faits sociaux. Elle se contente de définir une approche, une posture de recherche. Le sociologue doit être face aux phénomènes sociaux comme le physicien face à ceux de la nature :

« Il nous faut donc considérer les phénomènes sociaux en eux-mêmes, détachés des sujets conscients qui se les représentent ; il faut les étudier du dehors, comme des choses extérieures » *(ibid.)*.

Ainsi construit, en dehors de toute spéculation, l'objet du sociologue doit être soumis aux mêmes normes que celui des autres sciences : au primat de l'analyse causale sur l'analyse fonctionnelle et à la construction expérimentale des lois ; comme la socio-

1. *Les règles de la méthode sociologique,* Conclusion.

2. Pour une étude minutieuse de ce texte, dans ses divers niveaux d'élaboration, voir J.-M. Berthelot, *Les règles de la méthode sociologique ou l'instauration du raisonnement expérimental en sociologie,* introduction à une nouvelle édition des *Règles,* Paris, Flammarion, coll. « Champs », 1988, p. 8-67.

logie ne peut procéder par expérimentation directe — les faits sociaux ne sont pas reproductibles en laboratoire — elle doit procéder par « expérimentation indirecte », c'est-à-dire par comparaison. Sur quoi doivent porter les comparaisons ? sur les variations réciproques des divers facteurs étudiés : si un phénomène B (par exemple l'accroissement du taux de divorce) varie comme un phénomène A (par exemple la baisse du nombre des baptêmes)[1] c'est qu'entre A et B existe un rapport de causalité direct ou indirect, qu'il appartient au sociologue de mettre au jour. La voie est ainsi tracée à l'élaboration de véritables lois sociologiques : « La concomitance constante est donc, par elle-même une loi, quel que soit l'état des phénomènes restés en dehors de la comparaison » (chap. 6).

L'apport de Durkheim, malgré l'hostilité généralisée qui accompagna la sortie des *Règles,* n'aurait déjà pas été mince, s'il s'était contenté de ce travail de clarification et d'épuration épistémologiques. Mais avec le *Suicide,* il a donné, de façon presque simultanée, une éclatante démonstration de la portée et de la fiabilité du rationalisme expérimental appliqué à la sociologie.

Il y avait, dans le choix du thème, une provocation évidente : le suicide n'est-il pas l'acte le plus intime, le moins social qui soit, celui ou l'individu se retrouve seul, face à sa conscience ? Un tel acte pouvait facilement être le cheval de bataille de tous ceux qui, à l'époque, récusaient la possibilité d'une sociologie scientifique au nom de l'individu, et pourfendaient, à la suite de Gabriel Tarde, le programme durkheimien. Mais il devenait par là même l'objet rêvé d'une mise à l'épreuve du postulat de la réductibilité des phénomènes sociaux au principe de causalité.

Le *Suicide* est l'un des textes paradigmatiques de la sociologie moderne. Quelles que soient les limites liées aux matériaux et au contexte théorique de l'époque, il constitue la mise en œuvre pre-

1. Cet exemple est arbitraire et nous le construisons pour éclairer ce développement. En fait il met en évidence une corrélation entre deux éléments A et B, à partir de laquelle une relation de causalité pourra être construite, comme ce sera le cas pour le *Suicide* (cf. *infra*).

mière et exemplaire d'un mode d'intelligibilité déterminé : celui de l'analyse causale. Nous retiendrons deux points afin de faire sentir la nouveauté de la démarche durkheimienne :

— Durkheim inaugure son texte par deux développements. Le premier consiste à passer du sens flou assigné au mot suicide à une définition rigoureuse ; le second à mettre en évidence la pertinence d'une approche sociologique au moyen d'une étude détaillée des tables de suicide fournies par les statistiques officielles. Il apparaît que le nombre absolu des suicides est remarquablement constant pour une société donnée ; qu'il varie par sauts, à l'occasion de crises sociales. Si, allant plus loin, on établit des taux de suicide, on constate que ceux-ci, constants au sein d'une même société, peuvent varier du simple au triple d'une société à l'autre ! Transformé en une quantité déterminée le suicide manifeste donc des propriétés particulières, irréductibles à une simple somme de comportements aléatoires : les données statistiques ne sont plus ici des illustrations au service d'une thèse, mais le matériau travaillé où s'élaborent simultanément les hypothèses et leur vérification.

— Les diverses variations des taux de suicide — selon le pays, selon la région, selon la saison, selon le sexe, selon la confession religieuse, etc. — autorisent la construction d'explications particulières et l'élaboration, à partir de celles-ci d'une théorie. A chaque fois, la variation constatée doit être interrogée afin que soit mise en évidence la relation de causalité qu'elle implique. Les protestants se suicident davantage que les catholiques. Est-ce parce que leur doctrine est en ce point plus permissive ? Non. Ils ont également un niveau d'instruction supérieur aux catholiques, serait-ce là la cause ? Non il faut remonter à ce qui, structurellement, distingue le protestantisme du catholicisme : dans un cas les croyances traditionnelles et la cohésion sont fortes, dans l'autre, l'encouragement au libre examen et l'individualisme émoussent cette cohésion. La cause du facteur B (taux de suicide plus élevé) peut être recherchée dans le facteur A (niveau d'intégration plus faible) (liv. II, chap. 2). On établit ainsi une relation qui, comparée à d'autres du même type, est susceptible de produire une explication générale : une étude détaillée des statistiques révèle que les hommes mariés se suicident beaucoup moins que les célibataires et les veufs (*ibid.*, chap. 3) ; dans les sociétés politiques, les périodes de crise sont liées à une chute du taux de suicide, comme si l'effervescence et la mobilisation qu'elles suscitent protégeaient de la mort volontaire *(ibid.)*. Dans chacun de ces cas « le suicide varie en raison inverse du degré d'intégration des groupes sociaux dont fait partie l'individu ».

On a donc affaire à une variété spécifique de suicide, que Durkheim appellera suicide égoïste, pour le distinguer des deux autres formes que la même méthode mettra en évidence : le suicide altruiste et le suicide anomique.

Il est possible[1] de montrer qu'un tel programme ne s'applique pas seulement à des données exprimables sous forme de mesures — comme les taux de suicide —, mais que Durkheim entreprit, de façon systématique, de le mettre en œuvre aussi bien pour rendre compte de l'histoire d'une institution, que pour percer le secret du totémisme. Par là même il opérait, dans la connaissance du social, à la fois une rupture et une fondation : rupture avec les démarches antérieures de compilation ou d'illustration ; fondation par la mise en œuvre systématique d'un mode déterminé d'intelligibilité. Le piège, en revanche, qu'il lui était particulièrement difficile d'éviter, était d'enfermer la connaissance scientifique du social dans le programme scientifique ainsi élaboré.

3 / Il est incontestable que la sociologie française, jusqu'à la première guerre mondiale, est dominée par les durkheimiens. Le mouvement le-playsien se perpétue en marge de l'université, tandis que ce qui aurait pu constituer une école rivale, sous la houlette de René Worms et de Gabriel Tarde, reste largement empêtré dans l'organicisme et l'éclectisme. Malgré l'activité institutionnelle déployée par Worms[2], ce sont les durkheimiens qui, sans conteste, dominent la sociologie française[3].

Il est certain que leur implantation universitaire, à

1. Voir J.-M. Berthelot, Principe de causalité et raisonnement expérimental chez Durkheim, in *Revue philosophique*, t. CLXXIX, 1989, n° 1, p. 25-50.

2. René Worms est le fondateur ou l'initiateur de la *Revue internationale de Sociologie* (1893), de l'Institut international de Sociologie (1894), de la Bibliothèque sociologique internationale (1894) et de la Société de sociologie de Paris (1895).

3. L'institutionnalisation et la réception de la sociologie durkheimienne sont systématiquement et minutieusement analysées dans l'article de V. Karady, Durkheim, les sciences sociales et l'université : bilan d'un demi-échec, *Revue française de Sociologie*, vol. XVII, n° 2, 1976, p. 267-312.

laquelle veilla particulièrement Durkheim, constitue un élément explicatif de cette prééminence. Encore celle-ci ne peut-elle être surévaluée, puisqu'en 1914, elle se limite à une dizaine de cours, dont quatre seulement en université[1]. Plus important, sans aucun doute, est la force du programme qui se réalisa par l'intermédiaire de l'*Année sociologique*. De 1898 à 1913 parurent 12 volumes, qui passèrent systématiquement en revue la production des sciences sociales de l'époque. Durkheim lui-même y publiera plus de 300 comptes rendus. L'équipe constituée à cet effet n'était liée par aucune allégeance doctrinale, et les liens de travail étaient pour la plupart épistolaires. Cependant, malgré les différences, parfois les crises, une remarquable unité de ton prévalut, imputable peut-être à la personnalité de Durkheim, à l'homogénéité du milieu de recrutement des collaborateurs (l'Ecole normale supérieure)[2], sans doute aussi à la nature non pas doctrinaire mais proprement scientifique du programme durkheimien.

II. — L'Ecole allemande de Sociologie

1 / L'une des idées constitutives de la tradition intellectuelle française est celle de la nécessaire inscription de la sociologie dans le champ de la science. Que celle-ci se réalise au moyen d'une classification rationnelle effectuée sous les auspices du positivisme ou d'une mise en forme interne résultant de l'application du programme du rationalisme expérimental, le postulat épistémologique de base est identique : la science est une, quels que soient ses domaines de réalisation.

L'idée d'une science unitaire, placée sous le modèle des sciences de la nature, va connaître, dans les pays

1. V. Karady, art. cit., p. 281.

2. Sur tous ces points, voir l'article de P. Besnard, La formation de l'équipe de l'Année sociologique, *Revue française de Sociologie*, vol. XX, n° 1, 1979, p. 7-32.

germaniques une destinée curieuse. Si des cercles positivistes se fondent dans la deuxième moitié du siècle, si le positivisme moderne se structure dans la Vienne des années 1930, la conception qui domine la tradition allemande est fondamentalement dualiste : elle oppose les sciences de la nature *(Naturwissenshaften)* aux sciences de l'esprit *(Geisteswissenschaften)*.

Cette opposition puise ses racines à diverses sources : la distinction opérée par Kant entre le domaine de la nature (régi par la raison pure) et celui de l'action humaine (régi par la raison pratique) ; la critique hégélienne de la raison analytique (l'entendement) au profit de la raison dialectique ; l'importance du mouvement romantique et de son rejet de la philosophie des lumières. Elle eut notamment pour conséquence de repousser la constitution d'une sociologie indépendante :

> « La position prééminente occupée par l'idéalisme et le romantisme dans l'histoire de la pensée allemande fit beaucoup — indépendamment des circonstances sociales et politiques — pour empêcher assez longtemps l'essor d'une sociologie indépendante et fut responsable du fait que ses problèmes propres furent traités par d'autres disciplines. »[1]

Il faut attendre, en effet, les années 1880 pour voir apparaître le terme de sociologie en Allemagne. Mais ce retard, qui se manifestera également par une institutionnalisation plus tardive (la première chaire de sociologie est crée en 1914, cf. *supra*) ne signifie pas une ignorance : la revue *Vierteljahresschrift für Wissenschafliche Philosophie und Soziologie,* fondée en 1877, présente des textes de Comte, Spencer, Mill. Par ailleurs il permet à la sociologie allemande de bénéficier du mouvement intellectuel fort qui anime les universités d'outre-Rhin. Tout un débat sur la nature de la

1. H. Mauss, *Handbuch der Soziologie,* 1956, trad. anglaise, *A short history of Sociology,* Londres, Routledge & Kegan Paul, 1962, p. 23.

science, la « querelle des méthodes », mobilise, à partir de 1883, économistes, philosophes, sociologues et aboutit à opposer fermement non seulement les sciences de l'esprit aux sciences de la nature, mais la « compréhension » à l'explication dans l'interprétation des phénomènes sociaux[1]. On conçoit que ce contexte d'interrogation et de turbulence épistémologiques ait finalement permis l'émergence d'une discipline qui, avec Georg Simmel et Max Weber, posera les bases d'une *sociologie compréhensive*.

2 / Il n'est pas possible de parler d'une école allemande de sociologie au même sens que d'une école française. La sociologie allemande du début du siècle est à la fois moins marquée par une personnalité dominante que la sociologie française et simultanément moins dispersée que cette dernière : la fondation de la Deutsche Gesellschaft für Soziologie en 1909 et l'organisation sous son égide de journées d'étude, constituèrent un pôle de regroupement et d'échange que seul Simmel dédaigna quelque peu[2]. Si la notoriété varie avec le temps, il est clair cependant, que, dès cette époque, Ferdinand Tönnies et Max Weber sont regardés comme des fondateurs. Premier président de la Deutsche Gesellschaft für Soziologie, auteur du premier grand ouvrage de la sociologie allemande, le célèbre *Communauté et société* de 1889, Tönnies joua un rôle essentiel. Sa remarquable longévité (1855-1936) lui permit de participer activement aux sept « journées sociologiques » organisées par la Société allemande de Sociologie de 1910 à 1930. Ce-

1. Les philosophes (W. Diltey, W. Windelband, H. Rickert) jouèrent un rôle décisif dans l'élaboration de cette distinction (cf. R. Aron, *Essai sur une théorie allemande de l'histoire. La philosophie critique de l'histoire*, Paris, Vrin, 1938).

2. Cf. la liste des participations aux Soziologentagen (« journées sociologiques ») établie par D. Käsler, *Die frühe deutsche Soziologie 1909 bis 1934, und ihre Entstehungs-Milieus*, Düsseldorf, Westdeutscher Verlag, 1984, p. 603 et sq.

pendant son rôle dans la construction de la sociologie n'égala pas ceux de Simmel ni surtout de Weber.

Max Weber (1864-1920) occupe à cet égard une place décisive. A l'instar de Durkheim il a su aussi bien fonder épistémologiquement qu'éprouver pratiquement les règles d'un programme d'étude scientifique des phénomènes sociaux. A la différence cependant de l'Ecole française, il considère que le travail spécifiquement sociologique commence là où s'arrêtent les possibilités d'une explication par des régularités causales.

Juriste de formation, professeur d'économie politique à Fribourg puis à Heidelberg, Max Weber n'occupa que dans les derniers mois de sa vie une chaire de sociologie à l'Université de Munich. Il consacra une part importante de son temps à une réflexion épistémologique sur les sciences sociales et, à la fin de sa vie, sur la sociologie.

« Nous appelons sociologie (au sens où nous entendons ici ce terme utilisé avec beaucoup d'équivoques) une science qui se propose de comprendre par interprétation l'activité sociale et par-là d'expliquer causalement son déroulement et ses effets. Nous entendons par "activité", un comportement humain (peu importe qu'il s'agisse d'un acte extérieur ou intime, d'une omission ou d'une tolérance) quand et pour autant que l'agent ou les agents lui communiquent un sens subjectif. Et, par activité "sociale", l'activité qui, d'après son sens visé par l'agent ou les agents, se rapporte au comportement d'autrui par rapport auquel s'oriente son déroulement. »[1]

C'est par cette définition que Weber attaque le chapitre consacré aux « concepts fondamentaux de la sociologie » qui ouvre sa principale œuvre sociologique. Ces quelques lignes ont autant d'importance, par ce qu'elles résument et par ce qu'elles impliquent, pour la construction de la sociologie, que la fameuse *Règle* de Durkheim rappelée plus haut. Elles définissent à la fois un objet et une méthode : le premier est l'activité sociale, la seconde la compréhension.

Là où Durkheim aurait parlé de « faits sociaux », Weber parle d' « activité sociale ». Qu'implique cette différence ? la mise en œuvre d'un point de vue et d'un mode d'approche radicalement différents. Weber sélectionne, comme seul objet de la sociologie,

1. Max Weber, *Economie et société,* 1920, trad. Paris, Plon, 1971, p. 4.

les comportements à la fois doués de sens et orientés vers autrui. Cette définition restrictive exclut certains comportements qui, apparemment sembleraient relever de la sociologie : la contemplation, la prière solitaire, le choc de deux cyclistes, l'ouverture simultanée des parapluies dans une foule lorsque la pluie commence à tomber... Ces divers exemples pris un peu plus loin par Weber manifestent l'absence de l'un ou de l'autre critère. Surtout ils permettent de préciser le sens de la construction d'objet résultant de leur mise en œuvre :

« La collision entre deux cyclistes, par exemple, est un simple événement, au même titre qu'un phénomène de la nature. Serait une "activité sociale" la tentative d'éviter l'autre et les injures, la bagarre ou l'arrangement à l'amiable qui suivraient la collision. »

La simple collision est un phénomène physique. Qu'elle mette en jeu des objets naturels ou des produits de l'industrie humaine ne change en rien la nature de l'événement. Il suffit d'appliquer les lois de la mécanique pour en rendre compte : en procédant ainsi, on explique causalement le fait. A l'inverse, injures, bagarre, arrangement à l'amiable sont des comportements dotés d'un sens pour les acteurs de la situation. Ils ne sont pas déductibles de lois générales, ils ne se réduisent pas à des rapports de cause à effet, mais expriment une intentionnalité consciente : pour en rendre compte il faut les comprendre.

Dans la mesure où l'activité humaine n'est pas réductible à des rapports de cause à effet, mais manifeste l'intentionnalité des acteurs, le sens qu'ils donnent à leur action, elle requiert une autre méthode que celle en œuvre dans les sciences de la nature, précisément celle de la compréhension par interprétation. Ainsi, construction de l'objet et détermination de la méthode sont liées de façon interne.

Quelles perspectives ouvrent à la sociologie une telle conception ? On peut, du chapitre cité, en extraire au moins quatre :

— une détermination de ce qu'il convient d'entendre par sens. Weber le définit comme « sens subjectivement visé », et lui donne trois formes : tel qu'il est pour un acteur donné, dans une situation donnée ; ou en moyenne pour une population déterminée ; ou, enfin, idéalement, dans une reconstruction rationnelle à usage heuristique, ce qu'il dénommera un « idéaltype » ;
— une catégorisation des divers sens que peut prendre l'action, à partir de ses déterminants. Weber distingue quatre logiques différentes : l'action « rationnelle en finalité » (qui privilégie les objectifs visés et leur soumet tous les autres éléments à titre de moyens) ; l'action « rationnelle en valeur » (qui sou-

met moyens et fins à une norme posée comme valeur intrinsèque) ; l'action déterminée par les affects et les émotions ; l'action enfin liée à la tradition[1] ;

— une conception nominaliste des agrégats sociaux et des institutions : si la sociologie est science de l'activité sociale, celle-ci ne peut être que singulière. C'est par métaphore et par facilité que l'on dote des entités collectives comme l'Etat, les classes sociales, les entreprises, d'une activité propre. Il faut, en fait revenir aux « personnes singulières » qui « constituent seules les agents compréhensibles d'une activité orientée significativement » ;

— une conception complexifiée des lois que la sociologie peut produire. Dans un essai de 1904, Weber opposait au modèle causaliste et déductif des sciences de la nature, le problème fondamental des sciences sociales :

« Comment une explication causale d'un fait singulier est-elle possible en général ? — étant donné que même la description du plus petit fragment de la réalité ne peut jamais être pensée de manière exhaustive ? »[2]

Il concluait que les lois jouent un rôle radicalement différent dans les sciences de la nature et dans les sciences du monde social ; de fin de l'entreprise de connaissance, elles passent au statut de simple moyen, aidant à la construction des « connexions causales concrètes » constitutives d'une individualité historique isolée par le savant à titre d'objet pour la valeur et la signification culturelles qu'il lui reconnaît.

Dans le texte que nous étudions, Weber introduit l'idée d'un double critère de détermination d'une loi sociologique : l'adéquation causale — elle doit être attestée par des régularités statistiques — et l'adéquation significative — elle doit exprimer un comportement doté d'un sens subjectif pour les acteurs, c'est-à-dire compréhensible selon l'une des quatre logiques dégagées ci-dessus. Le début de la citation fournie plus haut prend alors toute sa signification : la sociologie se propose « de comprendre par interprétation (...) et par là d'expliquer causalement ». Weber ne rejette ni l'idée de loi ni l'explication causale ; il subordonne l'une et l'autre au travail spécifique de la compréhension.

1. Ces logiques ne sont pas mutuellement exclusives. Elles constituent le modèle pur, l' « idéaltype », auquel on peut référer une action empiriquement constatée afin de la comprendre.

2. L'objectivité de la connaissance dans les sciences et la politique sociale, trad. in *Essais sur la théorie de la science,* Paris, Plon, 1965, p. 162.

Nous sommes manifestement ici devant ce que nous avons appelé plus haut un programme scientifique. Encore est-il d'autant plus nécessaire de le voir à l'œuvre qu'à la différence du programme durkheimien les procédures d'analyse concrète d'un objet déterminé ne s'y laissent pas déduire d'un algorithme simple comme l'était celui des variations concomitantes.

L'œuvre exemplaire de Weber, où s'éprouve la fécondité et la fiabilité de l'approche proposée est à n'en pas douter *L'Ethique protestante et l'Esprit du capitalisme,* qui occupe dans la tradition sociologique une place comparable à celle du *Suicide*. Elle s'inscrit dans une série d'études consacrées aux rapports entre les religions et l'activité économique visant à comprendre la spécificité du rationalisme occidental qu'exprime le développement propre qu'y connaît le capitalisme.

Il était largement connu, à l'époque de Weber, que des liens privilégiés unissaient le capitalisme moderne et le monde protestant. Marx et Engels avaient fait de la Réforme une manifestation et un effet dans le domaine idéologico-religieux du développement des nouveaux rapports de production capitalistes. C'est à cette thèse, causaliste d'un certain point de vue, que s'en prend Weber. L'intérêt, pour notre propos, réside dans la démarche et dans sa cohérence avec l'épistémologie présentée précédemment.

Weber procède en quatre temps :

— position du problème à partir de données statistiques permettant d'établir une corrélation entre protestantisme et capitalisme ;
— spécification de l'objet par construction de l'idéaltype du capitalisme moderne : l'esprit du capitalisme ;
— étude de la prédication luthérienne et mise en évidence des homologies existant entre l'esprit du capitalisme décrit précédemment et la notion centrale de vocation *(Beruf)* ;
— étude historique du développement de la religion réformée et

notamment du passage de l'ascétisme religieux à l'ascétisme économique et à l'esprit du capitalisme.

Ce mouvement démonstratif semble aboutir à l'inversion de la thèse marxiste et c'est bien ce qu'une partie des commentateurs se contenteront de retenir[1] : l'esprit du capitalisme a précédé en de nombreux endroits son développement matériel et cela n'est compréhensible que par la présence forte de l'ascétisme réformé. S'il ne s'agissait que de cela on n'aurait affaire qu'à l'inversion d'une relation causale entre protestantisme et capitalisme. Or, le nominalisme exprimé plus haut exclut toute action de ce type et la définition de la sociologie présentée implique que soit donnée comme objet une activité sociale. Le Weber de 1904 serait-il en désaccord avec celui de 1920 ? Indépendamment du fait que cela n'aurait rien de scandaleux et que le dernier état de la pensée de Weber est sans doute le plus affûté, il se trouve qu'il n'en est rien.

La détermination de l'esprit du capitalisme aussi bien que celle de l'éthique protestante procèdent, par appui sur certains textes ou documents, de la mise en évidence d'un sens idéaltypique, c'est-à-dire d'un sens reconstruit par le chercheur à partir de la constellation de significations capables d'exprimer au mieux la nature singulière de ces individualités historiques que sont le protestantisme et le capitalisme occidental.

Mais cela ne suffit encore pas : si des homologies entre idéauxtypes ont un sens pour le chercheur et suggèrent des relations particulières, toute action de l'un sur l'autre contredit le postulat nominaliste. Or, c'est à ce niveau que Weber est le moins explicite. L'essentiel de l'objectif de l'ouvrage étant de construire rigoureusement les deux idéauxtypes et de montrer l'antériorité de l'un sur l'autre, il ne développe pas une thèse qu'il se contente d'illustrer par des faits typiques : le passage de l'éthique protestante à l'esprit du capitalisme se réalise par la médiation d'un nouveau comportement économique, d'une nouvelle rationalité de l'action des acteurs. Le protestantisme n'a pas créé l'esprit du capitalisme ; il a donné à des agents économiques, confrontés à des problèmes économiques un support idéologique, leur permettant d'inscrire leur comportement dans une rationalité neuve. L'essence du capitalisme, l'idée de profit comme rentabilisation de chaque élément et de chaque instant, trouve dans l'ascétisme protestant une justification et un aliment. Un nouveau compor-

1. La démonstration de Weber sera à l'origine d'une controverse célèbre, commencée dès son époque et poursuivie jusqu'à nos jours. Sur ce point, voir P. Besnard, *Protestantisme et capitalisme,* Paris, Armand Colin, 1970.

tement économique apparaît alors, et il suffit qu'il pénètre un secteur économique traditionnel — comme celui du tissage à domicile dont Weber développe l'exemple — pour qu'il le révolutionne sans que la structure de ce dernier ne soit dans un premier temps touchée. Le comportement singulier de personnes singulières, reste bien, en dernière analyse, l'élément explicatif ultime.

3 / Le rationalisme expérimental et le naturalisme constituent le fond sur lequel s'édifie le programme durkheimien ; le sens et l'activité sociale celui que promeut la sociologie allemande. Il y a dans cette autre manière de rendre compte du social une plus grande labilité que dans la première. Le chapitre d'*Economie et société* que nous avons commenté constitue une tentative exemplaire de synthèse et d'articulation de lignes d'analyse qui peuvent ailleurs se séparer.

L'exemple de cette labilité est sans aucun doute fourni par l'œuvre de Georg Simmel (1858-1918). Diverse, multiple, passant successivement du positivisme au néo-kantisme et au vitalisme, davantage tournée vers la philosophie et l'essayisme que vers la sociologie, elle semble se jouer des frontières qu'une discipline naissante établit et de la hiérarchie d'objets qu'elle institue : Simmel écrit sur « la culture féminine », « la coquetterie », « la mode », « l'aventure »[1]... Dans cet ensemble foisonnant, dont les commentateurs s'efforcent de découvrir l'unité[2], trois points nous semblent pouvoir être retenus, qui, dans la perspective de la construction de la sociologie, constituent une modulation ou un approfondissement du programme décrit ci-dessus :

— une critique de la connaissance en histoire qui, opérée sous les auspices d'une philosophie kantienne, rejoint les analyses

1. Ces articles sont accessibles en français *in* G. Simmel, *Philosophie de la modernité*, Paris, Payot, 1989.

2. Voir par exemple l'Introduction très suggestive que Julien Freund consacre au recueil de textes *Sociologie et épistémologie*, Paris, PUF, 1981, p. 7-79.

de Weber sur le rejet du naturalisme et du réalisme et approfondit le concept de compréhension[1] ;

— l'insistance sur la notion de forme, comme seul véritable objet d'une sociologie, prise entre le double risque de se réduire aux réalités ultimes que seraient les individus ou d'embrasser sans spécificité la totalité du réel socio-historique ; la forme est un construit de connaissance[2] ;

— l'insistance sur la notion d'action réciproque *(Wechselwirkung)* comme permettant de générer les formes identifiables :

« Tout ce qui se manifeste dans les individus, lieux immédiats et concrets de toute réalité historique, sous forme de tendances, intérêts, fines inclinations, conformité et mobilité psychique, à partir de quoi ou à propos de quoi ils exercent une influence sur autrui, ou bien en subissent une, tout cela je le désigne comme le contenu, en quelque sorte la matière de la socialisation. Ces matériaux qui remplissent l'existence, ces motivations qui la stimulent, ne constituent pas encore en soi ni pour soi un être social. Ni la faim ni l'amour, ni le travail ni la piété, ni la technique ni les fonctions ou les résultats de l'intelligence ne signifient déjà, dans leur sens immédiat une socialisation ; ils ne la constituent au contraire qu'en tant qu'ils structurent la juxtaposition solitaire des individus par des formes d'existence commune et solidaire qui relèvent du concept général d'action réciproque. »[3]

III. — La sociologie à la veille de la première guerre mondiale

En l'espace de vingt ans la sociologie moderne est née. Quelles que soient ses filiations et ses complicités philosophiques, notamment en Allemagne, elle se distingue clairement de la philosophie politique ou de la

1. L'ouvrage décisif de Simmel est ici, *Les problèmes de la philosophie de l'histoire,* 1907, trad. et intr. de Raymond Boudon, Paris, PUF, 1984.

2. Le concept de forme se retrouve à tous les stades de la pensée de Simmel. On trouvera des textes de diverses époques, notamment Comment les formes sociales se maintiennent (1896) et Questions fondamentales de la sociologie, dans le recueil *Sociologie et épistémologie, op. cit.*

3. Questions fondamentales de la sociologie, in *Sociologie et épistémologie, op. cit.,* p. 121-122.

philosophie sociale. Qu'elle adopte la position rigide du rationalisme expérimental ou qu'elle choisisse la voie compréhensive, elle procède par une construction vigilante de son objet et mobilise les données, statistiques ou historiques, que requiert son élucidation. Un nouvel espace épistémique s'est ainsi construit, qui, par son institutionnalisation universitaire, ses sociétés savantes, ses revues et ses collections a acquis droit de cité dans la communauté scientifique.

Il est évident que la discipline nouvelle ne se réduit ni à Durkheim, Weber ou Simmel, ni à la sociologie française et allemande. Le point de vue que nous adoptons nécessitait de les mettre en avant, non selon une logique traditionnelle d'histoire des idées, mais selon celle, plus novatrice, de la construction d'une *matrice disciplinaire*. Une science ne se construit pas seulement par les résultats qu'elle accumule, mais tout autant par les valeurs qu'elle sélectionne, par les œuvres qu'elle se donne en exemple, par le territoire qu'elle délimite, par le style d'activité qu'elle promeut et légitime : si des sociologues comme Gabriel Tarde ou René Worms se sont trouvés marginalisés c'est essentiellement — indépendamment des enjeux institutionnels de reconnaissance — parce qu'ils restèrent extérieurs à cette matrice et continuèrent à pratiquer la sociologie comme on le faisait dans les années 1880. A l'inverse, le retour permanent, dans les textes sociologiques, à Durkheim, Weber, Simmel, manifeste, à notre sens, le souci d'une discipline, que sa pluralité et sa diversité fragilisent, de se réassurer et de se renforcer par l'explicitation et la clarification de ses fondements.

La sociologie qui naît à l'aube du XXe siècle porte déjà les traces de cette fragilité. Elle ne s'inaugure pas sous les auspices de l'unité, mais de la dualité : ce qui est modèle de scientificité en France, apparaît, en Allemagne, incompatible aussi bien avec les exigences d'une discipline ayant pour objet des réalités historiques et culturelles, qu'avec une épistémologie fortement marquée par le néo-kantisme. Comment concevoir cette contradiction ?

Le poids des traditions nationales est une explication à la fois réelle et insuffisante. Il est vrai que la sociologie se développe dans les divers pays selon les lignes qu'y ont tracées les habitudes intellectuelles des milieux qui supportent la nouvelle discipline : idéalisme philosophique en Allemagne, positivisme en France, empirisme et pragmatisme en Angleterre et aux Etats-Unis. Mais, simultanément, on aurait tort de croire que la sociologie naissante reste enfermée dans ses cadres nationaux : très tôt les contacts et les traductions lient les diverses traditions. A partir de 1908, des auteurs français comme Durkheim, Tarde, Fouillée, Le Bon sont traduits en Allemagne dans la collection « Philosophisch-Soziologische Bucherei »[1] ; Durkheim, puis Bouglé se rendent en Allemagne et en rapportent des études sur l'état des sciences sociales[2] ; Durkheim participe à la réflexion organisée par la Sociological Society sur les relations entre la sociologie et les sciences sociales, publiée dans les *Sociological Papers* de 1904[3] ; ses œuvres sont traduites en russe dès 1900[4] ; l'*Année sociologique* recense régulièrement la production anglaise et allemande en sciences sociales ; G. Simmel y publia un article, ainsi que dans diverses autres revues françaises...

1. Source H. Maus, *A short history of Sociology, op. cit.*, p. 75.

2. E. Durkheim, La science positive de la morale en Allemagne, *Revue philosophique,* t. XXIV, n° 2, 1887, reproduit in *Textes,* t. I, *op. cit.*, p. 267-343 ; C. Bouglé, *Les sciences sociales en Allemagne,* Paris, Alcan, 1896.

3. Source J. Rumney, La sociologie anglaise, *in* G. Gurvitch, *La sociologie au XXe siècle,* t. 2, Paris, PUF, 1947, p. 569-591.

4. K. Mänicke-Gyöngyösi, The reception of Durkheim in Russia and the Soviet Union, *Etudes durkheimiennes,* n° 10, Paris, Maison des Sciences de l'Homme, 1984.

Les exemples pourraient être multipliés attestant des solidarités internationales de la sociologie naissante. Ils ne doivent cependant pas en cacher les limites : Weber et Durkheim s'ignorèrent[1] ; si, dans l'article « Sociologie » de la *Grande Encyclopédie* de 1900 que signent Fauconnet et Mauss, sont référencés en bibliographie les Belges De Greef et Vandervelde, les Allemands Gumplowicz, Tönnies, Steinmetz, les Américains, Ward, Small, Giddings, le texte présenté ne s'écarte pas de la plus pure orthodoxie durkheimienne ; dans un recueil publié en 1939 sous l'autorité de Célestin Bouglé, *Eléments de sociologie,* moins de 25 textes sur 170 sont choisis parmi des auteurs étrangers et, parmi ceux-ci, seuls quelques-uns sont des sociologues : Westermark, Giddings, Steinmetz[2].

Cependant, dans ce jeu de l'ouverture et de la méconnaissance, ce qui caractérise les sociologies allemandes et françaises du début du siècle, à la différence de leurs consœurs anglaises ou américaines, c'est leur souci épistémologique. La sociologie ne va pas de soi. Elle requiert une réflexion sur son fondement et ses procédures. Elle exige une mise en cohérence de l'objet et des données. Les traditions et contextes nationaux ont sans doute joué un rôle décisif de stimulation et d'orientation de cette réflexion. Mais, si la forme et le cadre d'élaboration des programmes durkheimiens et wébériens sont nationaux, leur contenu ne l'est plus ; il définit des modes d'intelligibilité, des paradigmes, qui appartiennent en propre à une discipline qui ne va cesser dès lors de les travailler. De la même manière, la sociologie ulté-

1. Sur la difficile introduction de Weber dans la sociologie française, voir M. Hirschhorn, *Max Weber et la sociologie française,* Paris, L'Harmattan, 1988.

2. C. Bouglé et J. Rafault, *Eléments de sociologie,* Paris, Alcan, 1939.

rieure va poursuivre sa construction et innover, en s'appuyant sur ce que les spécificités d'un contexte social et culturel national permettent de faire émerger : après 1914, fondamentalement, la sociologie se construit de l'autre côté de l'Atlantique.

Chapitre III

LE DÉVELOPPEMENT DE LA SOCIOLOGIE EMPIRIQUE MODERNE

I. — Une période de maturation

Il est toujours délicat de procéder à une périodisation. Les historiens connaissent bien ce problème : ils ont tendance à faire commencer le XIXe siècle en 1789 et à l'achever en 1914. Nous avancerons la thèse que la sociologie connaît une phase de maturation s'étendant approximativement de la fin de la première guerre mondiale au milieu de la décennie cinquante. Ce découpage est, comme tel, arbitraire. Il peut aboutir, dans certains cas, à rassembler deux générations successives. Il nous paraît cependant être le plus pertinent du point de vue de la construction de la sociologie.

Divers éléments de justification, internes ou externes, peuvent être avancés :

a) Au seuil de la première guerre mondiale la sociologie est fondée. Elle va durant la période ultérieure se développer : de nouvelles revues apparaissent, aussi bien dans ses pays de présence ancienne qu'en Europe centrale ou en Amérique latine ; l'implantation universitaire se renforce, bien que de façon très inégale : forte aux Etats-Unis, où s'ouvrent de nombreux départements universitaires et en Allemagne où de nombreux cours de sociologie sont créés[1], elle reste en revanche faible en France et en Angleterre, jusqu'à la moitié des années cinquante[2]. Cependant, si ce développement innove sur le plan des méthodes et des modes d'approches, il ne crée pas encore, ce qui sera la caractéristique dominante de la période suivante, une segmentation et une autonomisation forte des champs de recherche. Certes des thèmes d'étude s'individualisent — la ville, le travail, la coexistence des minorités ethniques, les groupes marginaux, etc. — mais bien loin de s'y circonscrire, la sociologie reste en rapport étroit avec les disciplines qui, selon les contextes nationaux, ont accompagné son développement : philosophie, sciences de la culture, droit en Allemagne, ethnologie, histoire en France, psychologie sociale et anthropologie culturelle en Angleterre et aux Etats-Unis.

b) La période qui s'étend de la première guerre mondiale au milieu des années cinquante a une unité sociopolitique assez forte. Elle est marquée par la montée irrésistible du totalitarisme et l'usage de la

1. Dirk Käsler, *Die frühe deutsche Soziologie 1909 bis 1934, op. cit.*, recense 40 créations directes ou indirectes — par adjonction de l'intitulé « sociologie » — de chaires de sociologie dans les établissements d'enseignement en Allemagne, de 1919 à 1933 (p. 626-628).

2. A la veille de la seconde guerre mondiale, il n'y a que cinq chaires de sociologie en France : une au collège de France (Marcel Mauss), deux à la Sorbonne (Maurice Halbwachs et Albert Bayet) une à Bordeaux (Max Bonnafous) et une à Strasbourg (Georges Gurvitch) ; les autres enseignements sont donnés par des philosophes dans le cadre du certificat « morale et sociologie » de la licence de philosophie (source J. Heilbron, Les métamorphoses du durkheimisme, 1920-1940, in *Revue française de Sociologie,* vol. XXVI, n° 2, 1985, p. 203-237). A la même époque, en Angleterre, seule la London School of Economics possède un département et une chaire de sociologie (R. E. Kent, *A History of British Empirical Sociology, op. cit.*, p. 125).

terreur, direct — les camps de déportation et d'extermination — ou indirect — la guerre froide et l'équilibre nucléaire —, comme mode d'action politique. Cette profonde transformation du contexte social et politique, ses ambiguïtés — la Révolution d'Octobre apparaîtra d'abord à beaucoup comme une source d'espoir et l'Armée rouge comme la triomphatrice du nazisme —, ses sollicitations — la guerre d'Espagne et la résistance feront sortir beaucoup d'intellectuels de leur cabinet —, ne toucheront pas seulement la sociologie de l'extérieur. Elles seront à la fois une cause de division et d'intégration : de division avec l'utilisation, par la IIIe Internationale, de la science comme terrain de lutte idéologique et d'affrontement de la « science prolétarienne » à la « science bourgeoise » ; d'intégration par l'émigration forcée d'intellectuels européens, qui, accueillis le plus souvent aux Etats-Unis, joueront un rôle d'autant plus grand, qu'ils obtiendront le plus souvent d'importantes responsabilités institutionnelles.

Ainsi par exemple, Pitrim A. Sorokim (1880-1968), russe, ancien secrétaire de Kérenski, exilé en 1922, s'installe aux Etats-Unis, où il fonde le département de sociologie de l'Université d'Harvard (1931) et devient le président de l'American Sociological Association de 1963 à 1968 ; Paul Lazarsfeld (1901-1976), né à Vienne, docteur en mathématiques appliquées, émigre aux Etats-Unis en 1931 et fonde en 1940, au département de l'Université de Columbia, un bureau de recherche appliquée en sciences sociales, où il met au point les principales méthodes de l'enquête moderne par questionnaire ; Georges Gurvitch (1894-1965), russe, professeur à l'Université de Monsk, participant à la Révolution d'Octobre, mais favorable à un socialisme démocratique, doit s'exiler en 1920. Il enseigne à l'Université de Prague durant trois ans, s'établit en France en 1925, y soutient une thèse en 1932, est nommé professeur à l'Université de Strasbourg en 1935. Menacé, il se réfugie aux Etats-Unis en 1941 et publie en 1946, avec la collaboration des principaux sociologues américains, un ouvrage de synthèse, *La sociologie au XXe siècle*. De retour en France, il dirige le premier laboratoire moderne de sociologie, le Centre d'Etudes sociologiques (1946), est nommé professeur à la Sorbonne (1949), fonde enfin les *Cahiers internationaux de Sociologie* (1954), et, en collaboration avec Henri Jeanne, l'Association internationale des Sociologues de Langue française (1958).

Si tous les sociologues émigrés ne connurent pas des carrières aussi exceptionnelles sur le plan institutionnel, ils jouèrent un rôle décisif dans la fusion interne des diverses traditions sociologiques, notamment allemandes et anglo-saxonnes : ce fut le cas de Théodor Adorno, de Max Horkheimer, de Karl Mannheim, d'Herbert Marcuse, d'Alfred Schutz... dont nous verrons plus loin la position intellectuelle de premier plan qu'ils occupèrent.

c) Cette période, enfin, consacre la rupture en profondeur de la science moderne et de la science classique, amorcée dès le début du siècle avec les nouvelles théories physiques de la Relativité et des Quanta. Celles-ci n'ont pas un effet direct sur la sociologie, mais elles détruisent définitivement le socle naturaliste sur lequel elle avait pu s'appuyer au siècle précédent. Avec le développement parallèle de la logique mathématique moderne et de la pensée axiomatique qu'elle génère, la nouvelle physique trouve dans le positivisme logique du Cercle de Vienne[1] l'une de ses expressions épistémologiques : la science tend à être présentée comme un langage de description du réel, dont il importe de construire la syntaxe et d'épurer le lexique, afin de la distinguer clairement de la métaphysique et d'œuvrer à sa construction unitaire. Cette prévalence de la pensée formelle, cette méfiance vis-à-vis des géné-

1. Le Cercle de Vienne désigne un groupe de philosophes, de logiciens, de physiciens qui se réunissait à Vienne dans le début des années 1920 et qui eut une influence déterminante sur l'épistémologie et la théorie de la science au XXe siècle (voir A. Soulez (éd.), *Manifeste du Cercle de Vienne et autres écrits,* Paris, PUF, 1985).

ralités creuses ou des descriptions littéraires, donneront un ton nouveau à des recherches qui, effectuées dans des domaines voisins, toucheront à un moment donné la sociologie, qu'il s'agisse de la linguistique saussurienne et de la phonologie structurale, de la cybernétique et de la théorie des systèmes, de la théorie des jeux et de l'analyse de la décision. Elles poseront notamment les bases de l'utilisation en sociologie, à côté de statistiques elles-mêmes en plein essor, de mathématiques variées.

Symétriquement, cette période verra un renouvellement profond de ce que l'on pourrait appeler la pensée herméneutique. Ne visant pas à saisir des structures latentes, mais à déchiffrer des significations et à rendre compte des spécificités de l'expérience humaine, celle-ci puisera à des sources diverses, qui, mêlant ou séparant leurs eaux, donneront également une tonalité neuve au discours des sciences humaines : la phénoménologie de Husserl — surtout dans sa seconde version —, la philosophie existentielle de Heidegger, l'existentialisme français, le marxisme austro-hongrois, la psychanalyse, bouleverseront le champ des références philosophiques et psychologiques de la sociologie : dans les pays les plus réceptifs à cet apport, comme l'Allemagne et les Etats-Unis, ils exerceront une influence décisive sur la sociologie. Aux Etats-Unis, la symbiose traditionnelle entre sociologie, psychologie sociale et anthropologie culturelle constituera ainsi un terrain de choix à la pénétration de la psychanalyse dans les sciences sociales que facilitera par ailleurs l'exil de nombreux analystes autrichiens et allemands.

Le choix de la période étant ainsi justifié, quels éléments convient-il d'en retenir du point de vue de la construction de la sociologie ? Il est clair que, moins encore que dans la période précédente, il n'est possible de faire un passage en revue de travaux et d'auteurs dont le nombre se multiplie.

Faut-il alors insister sur les écoles nationales ? La situation est ici très différente de celle qui précède la guerre de 1914. L'Allemagne connaît sous la République de Weimar, un fort développement de la sociologie, qui se marque aussi bien par son implantation universitaire que par la diversité de ses productions. Si des œuvres comme celles de Max Scheller (1874-1928) ou de Karl Mannheim (1893-1947), défrichent une sociologie de la connaissance, si la phénoménologie de Husserl féconde la sociologie compréhensive grâce notamment à Alfred Schutz (1899-1959), on n'assiste pas, de la part d'une « Ecole allemande de Sociologie », à une novation significative dans le procès de construction de la discipline. Celle-ci, en fait, se fera indirectement, par l'influence qu'exerceront ces auteurs sur la sociologie américaine.

Dans un contexte différent, marqué par sa faiblesse institutionnelle, la décimation au feu de sa relève, la crise de son recrutement, l'Ecole française de Sociologie se perpétue en perdant fortement son unité[1]. Certes François Simiand (1873-1935), Maurice Halbwachs (1877-1945), Marcel Mauss (1872-1950) poursuivent, même s'ils l'infléchissent et le complètent, le programme durkheimien. Mauss, aux côtés du Dr Paul Rivet, directeur du Musée de l'Homme et de Lucien Lévy-Bruhl, aura une influence déterminante dans la formation d'une nouvelle génération d'ethnologues qui donnera pour longtemps à l'ethnologie française une forte identité : Maurice Leenhart, Marcel Griaule, Alfred Métraux, Roger Bastide, Claude Lévi-Strauss, Georges Balandier... Cependant, la sociologie française ne connaîtra un renouveau comparable qu'après 1950.

Parler d'écoles nationales n'a donc plus, durant cette période, le sens fondateur qu'il avait dans la période précédente. En revanche une nouvelle forme d'école apparaît : il s'agit le plus souvent du regroupement, dans un institut universitaire commun, de sociologues pratiquant sur une durée suffisante et avec une visibilité éditoriale forte un même style de sociologie ou se référant à un même engagement philosophique.

1. Voir l'article très détaillé de J. Heilbron, cité ci-dessus.

Ce sera le cas, durant cette période, de ce qu'il est convenu d'appeler l'Ecole de Francfort et l'Ecole de Chicago. A un degré moindre, on pourra parler également de l'Ecole de Columbia. Les précarités institutionnelles de la France ne lui permettront pas de connaître un tel phénomène. Seul l'éphémère Collège de Sociologie (1937-1939) fondé en marge de l'institution universitaire à la rencontre du surréalisme, de l'ethnologie et de la phénoménologie par Georges Bataille, Jules Monnerot, Roger Caillois et Michel Leiris, pourrait s'en rapprocher.

De telles écoles sont effectivement des lieux où se construit la sociologie durant la période. Mais selon des modalités diverses qui rendent difficile la comparaison : l'engagement philosophique et politique de l'Ecole de Francfort n'a pas grand chose à voir avec l'invention méthodologique et paradigmatique de l'Ecole de Chicago. L'innovation peut venir également d'ailleurs. Il faut donc poser un critère. Dans le droit fil du chapitre précédent, nous utiliserons le suivant : *qu'apporte de nouveau cette période dans la manière dont la sociologie interroge, problématise et construit son objet ?* Deux directions fondamentales émergent alors : la constitution d'une réelle sociologie empirique ; la cristallisation de nouveaux « programmes », opposant aux variantes d'une prééminence des structures, les alternatives du sens d'un côté, de l'histoire de l'autre. Nous y consacrerons ce chapitre et le suivant.

II. — **La naissance de la sociologie empirique**

1 / Les diverses techniques et procédures de recueil, de traitement et d'analyse des données qui caractérisent la sociologie empirique moderne se mettent en

place durant cette époque aux Etats-Unis. Bien qu'une telle affirmation puisse sembler excessive, elle est parfaitement vraie si l'on entend par « sociologie empirique moderne » la mise en œuvre et la maîtrise par un corps professionnel d'un ensemble d'outils et de procédures considéré comme partie intégrante de son activité scientifique normale et régulière.

Entendue plus largement, comme recueil de données au moyen d'enquêtes et de recensements, cette sociologie puise ses racines dans le mouvement d'observation du social dont nous avons étudié l'émergence au XIXe siècle. Celui-ci est loin de s'interrompre à l'aube des années 1880. Il se perpétue jusqu'à la première guerre mondiale et prend des formes diverses. Lié au renforcement des administrations étatiques, l'appareil statistique se développe et se diversifie : en France, par exemple, la création de l'Office du Travail en 1891, institue un observatoire officiel de la classe ouvrière, qui publie plusieurs enquêtes à partir de 1894[1]. L'établissement de monographies ouvrières au sein du mouvement le-playsien se poursuit, tandis qu'en Angleterre la tradition de Booth est perpétuée par les enquêtes de Rowtree, Bowley, et divers autres épigones[2]. En Allemagne, malgré un développement plus tardif — les premières grandes enquêtes datent de 1875[3] — un mouvement important de recherche se met en place à l'initiative d'universitaires, d'éditeurs, de fonction-

1. Source Michèle Perrot, Les Bonneff et l'enquête sociale au début du XXe siècle, Introduction à la réédition de Léon et Maurice Bonneff, *La vie tragique des travailleurs,* 1908, rééd. Paris, EDI, 1984.

2. Source D. Caradog Jones, Evolution of the social survey in England since Booth, in *The American Journal of Sociology,* 1941, p. 818-825.

3. Il s'agit d'une enquête sur les conditions de vie dans les usines, commanditée par le Reichstag et d'une sur les ouvriers agricoles, conduite par Theodor von der Goltz à la demande du Congrès des propriétaires fonciers (source A. Oberschall, *Empirical social research in Germany-1848-1914,* Paris-La Haye, Mouton, 1965, p. 19).

naires et de quelques industriels regroupés dans l'organisation Verein für Sozialpolitik, à laquelle participera activement Max Weber.

Cependant le point décisif reste le divorce existant entre l'enquête sociale et la sociologie. Comme le déclare Raymond A. Kent pour l'Angleterre :

« Tout se passe comme si les bases d'une sociologie empirique pleinement moderne, fondée sur les plans analytique et théorique, allaient soudain émerger de divers côtés. Mais chaque promesse s'avéra être un faux départ. »[1]

La situation en Allemagne, bien que différente, aboutit au même résultat.

La proximité entre l'enquête et la sociologie est là bien plus grande. Ferdinand Tönnies, en opposition à une statistique sociale descriptive, procédant par accumulation aveugle de chiffres, cherche à fonder, sous le nom de « sociographie », une véritable sociologie empirique, allant par induction des données aux lois. Il y consacre une grande partie de son activité, multipliant les chiffres et les croisements. Cependant, le résultat, par le manque d'outils mathématiques suffisants pour réaliser les traitements voulus, par la complication des développements, par l'incapacité à associer cette direction empirique à la conceptualisation théorique avancée par ailleurs par l'auteur, aboutit finalement à un relatif échec[2].

Max Weber, de son côté, participe au mouvement du Verein für Sozialpolitik, pour lequel il dirige, directement ou indirectement, diverses enquêtes. Les meilleurs travaux de l'époque, ceux de Paul Göhre, qui se fit embaucher durant trois mois dans une usine de machines-outils de Chemnitz, en 1890, ou d'Adolf Levenstein, qui entreprit la première grande enquête d'attitude consacrée à la classe ouvrière, en 1907, lui étaient d'autant mieux connus qu'il entretint des relations personnelles avec leurs auteurs[3]. Lui-même participe directement à une grande enquête, lancée en 1907 par le Verein, sous la direction de son frère, Alfred Weber. Il s'agit d'étudier l'effet du travail industriel sur les

1. *A history of British empirical Sociology, op. cit.*, p. 74.
2. Nous reprenons ici l'étude d'Antony Oberschall, *Empirical research in Germany, op. cit.*, p. 51-63.
3. P. Göhre, *Drei Monate Fabrikarbeiter*, Leipzig, 1891 ; A. Levenstein, *Die Arbeiterfrage*, Munich, 1912.

capacités physiques et intellectuelles des travailleurs. Sous l'impulsion de Max Weber, ce travail prend deux directions radicalement neuves : d'une part il se soumet à une véritable problématique théorique[1] ; d'autre part il procède par questionnaires adressés directement aux travailleurs, et non plus, comme dans les enquêtes de l'époque, remplis par des intermédiaires. Le résultat est cependant un échec : les enquêteurs recrutés pour distribuer les questionnaires et recueillir les informations complémentaires concernant les entreprises se heurtent à l'indifférence des ouvriers : moins de 10 % des questionnaires sont remplis[2].

Aussi, malgré l'ingéniosité des uns et les efforts des autres, en Allemagne également, les linéaments visibles d'une sociologie empirique échouent à fonder une véritable orientation de recherche capable de transformer largement le mode d'exercice de la sociologie. Durant la période suivante, et aussi longtemps que l'influence américaine ne se fera pas sentir, la situation de la sociologie européenne n'évoluera pas fondamentalement sur ce point. Le divorce entre l'enquête sociale et la sociologie se perpétuera : mis à part en ethnologie, l'Ecole française conservera sa tradition de rapport indirect aux faits ; la sociologie allemande maintiendra son intérêt prioritaire pour la théorie, même lorsqu'avec l'Ecole de Francfort se mettra sur pied un réel programme de recherches empiriques[3]. L'Angleterre quant à elle verra naître, à côté de la poursuite de

1. Max Weber la présente ainsi, en des phrases qui ne sont pas sans rappeler les thèmes de l'*Ethique protestante* : « La présente enquête vise à établir ce qui suit : d'un côté quelles influences l'établissement industriel à grande échelle exerce-t-il sur le psychisme individuel, le sort professionnel et le style de vie de sa force de travail, quelles qualités physiques et psychiques aide-t-il à développer en elle, et comment celles-ci se manifestent-elles dans la conduite de leur vie quotidienne par les travailleurs ? d'un autre côté, comment le développement actuel et potentiel, dans le futur, d'une industrie à grande échelle est-il limité par les caractéristiques des travailleurs qui résultent de leur origine ethnique, sociale et culturelle, de leurs traditions et de leur modèle de vie. » Source A. Oberschall, *op. cit.*, p. 114.

2. *Ibid.*, p. 113-131.

3. Cf. chapitre suivant.

la tradition initiée par Booth, une forme d'enquête tout à fait originale, baptisée par ses fondateurs « Mass Observation ».

Initiée par un ethnologue, Tom Harrison, et un journaliste, Charles Madge, elle se donnera comme objectif de saisir les habitudes quotidiennes des classes populaires afin d'en « mettre par écrit les lois non écrites et d'(en) rendre visibles les forces non visibles ». L'originalité de l'entreprise sera double : elle tiendra à la méthode et à l'objet. Harrison et Madge firent appel à des volontaires acceptant de noter au jour le jour leurs observations, 30 en 1937, un millier en 1939 auxquels s'ajoutèrent des observateurs à temps complet, chargés d'étudier plus précisément une ville industrielle du nord de l'Angleterre. Aux thèmes antérieurs du travail ou de la pauvreté, par ailleurs, ils substituèrent ceux de la vie, des loisirs et des comportements quotidiens : fumer, aller au pub, suivre les match de foot[1]. Cependant, malgré cette originalité et la diversité des techniques d'observation utilisées, l'insuffisante rigueur de leur mise en œuvre et l'absence de tout fondement théorique ne permettent pas davantage de combler l'écart entre description et explication[2].

2 / C'est aux Etats-Unis que va véritablement naître la sociologie empirique moderne. Celle-ci n'échappera pas, comme par enchantement, aux difficultés que nous venons de recenser. Elle sera cependant capable de construire une tradition de recherche neuve susceptible aussi bien de s'inscrire dans le cadre d'une discipline académique que de partir à la conquête du siècle et de créer le premier corps de sociologues professionnels.

Rien n'est plus illustratif de cette spécificité que l'itinéraire professionnel d'un sociologue comme Robert E. Park, fondateur de ce qu'il est convenu d'appeler l'Ecole de Chicago : né en 1864, la même année que Weber et tout juste six ans après Durkheim, il n'entra à l'Université qu'en 1914 ! Auparavant après des études menées à l'Université du Michigan, il avait été journaliste, puis avait poursuivi son cursus universitaire à Harvard et à Heidelberg, où il avait eu pour professeur le philosophe néo-kantien

1. T. Harrison et C. Madge (eds), *First Year's Work, 1937-1938*, Mass Observation, Lindsay Drummond, 1938.

2. Voir *A History of British Empirical Sociology*, *op. cit.*, p. 117-120.

Windelband et le sociologue Georg Simmel, auprès duquel il avait passé son doctorat en 1904. De retour aux Etats-Unis, Robert Park avait poursuivi ses activités de journaliste, puis s'était installé dans le Sud, de 1905 à 1914, où il avait été le secrétaire de Boker T. Washington, leader d'une association de promotion et de défense des Noirs[1]. En entrant à 50 ans à l'université Park avait donc déjà toute une carrière derrière lui. Or celle-ci lui permit précisément, en relation avec ses collègues de Chicago, de fonder un véritable programme de recherche.

Diverses conditions expliquent l'émergence de ce type de sociologie aux Etats-Unis. Un contexte social favorable, sans aucun doute : une société jeune, en perpétuelle construction où les vagues successives de migrants s'implantant d'abord dans les grandes villes de l'Est pour y construire des quartiers marqués par leur culture d'origine définiront un terrain d'enquête permanent, posant les divers problèmes de la coexistence des minorités ethniques, de la constitution des marginalités, de la structuration des communautés ; un développement de formes modernes de gestion des entreprises, des administrations, des grands groupes ouvrant le monde du travail aux chercheurs, non plus sous les auspices d'une dénonciation des conditions de vie des travailleurs, mais sous ceux d'une analyse des structures organisationnelles et des rôles dévolus aux divers opérateurs. Mais ce contexte ne suffit pas. Pour qu'émerge une réelle sociologie empirique il faut d'autres éléments : un appel régulier, normal, parfois massif aux compétences du sociologue ou de ses pairs pour étudier ces problèmes sur le terrain ; un fonctionnement suffisamment souple du système universitaire pour permettre la fécondation réciproque des travaux théoriques et des recherches empiriques, le passage facile et non problématique d'un intérêt à l'autre, la possibilité simultanée — exemplairement il-

1. Source E. W. Burgess, In Memoriam Robert E. Park, 1894-1944, in *The American Journal of Sociology,* 1944, p. 478.

lustrée par Park — d'une incursion dans chacun des domaines ; une implantation universitaire suffisamment large pour permettre la constitution sur une durée suffisante de pôles de recherche, de réseaux relationnels, d'instances de débat et de régulation rendant possible, enfin, l'existence, quelque imprécises qu'en soient les frontières, de la sociologie comme discipline académique, c'est-à-dire comme discipline enseignée, capable de constituer pour l'étudiant, le praticien, le chercheur, l'enseignant, un réservoir de références et de manières de faire communes.

Il est certain que — même si ses résultats furent parfois incertains et décevants — la sociologie américaine sut mettre progressivement en place ces diverses conditions. Au début du XXe siècle son institutionnalisation est largement en avance sur celle des autres pays : elle est enseignée, sous une forme ou une autre, dans 227 institutions d'enseignement supérieur par plus de 220 enseignants. Les cours donnés (Sociologie générale, Théorie sociologique, Pathologie sociale, etc.) la définissent comme une discipline autonome, davantage caractérisée par son objet et par les problèmes qu'elle vise que par sa méthode. Cependant peu d'enseignants ont à l'époque suivi eux-mêmes une formation de sociologue. L'utilisation très rapide de manuels *(Textbooks)* va avoir un rôle déterminant dans la fixation de la discipline. Dès 1901, sur une centaine d'ouvrages recommandés par les enseignants, un certain nombre de titres émergent. Le plus utilisé est celui écrit par Albion W. Small — le fondateur du département de sociologie de Chicago — et G. E. Vincent : *An Introduction to the studies of Society* (1894). Comme la majeure partie des textes de cette époque, il insiste sur les fondements généraux et les grandes divisions de la sociologie, selon le plan suivant : 1. Origine et étendue de la sociologie, 2. L'histoire naturelle d'une société, 3. Anatomie sociale, 4. Physiologie et pathologie sociale, 5. Psychologie sociale[1]. Il ne s'agit pas là encore d'un véritable corps de doctrine, et Small en était bien conscient :

« La sociologie était davantage un intense désir qu'un corpus substantiel de connaissances, un point de vue déterminé ou une ri-

1. Les diverses informations de ce paragraphe sont tirées de l'article de J. G. Morgan, Courses and Texts in Sociology, *Journal of History of Sociology,* 1983, 1, p. 42-65.

goureuse méthode de recherche. C'était plutôt une incitation à suivre quelques pistes prometteuses, à voir où elles pourraient mener, qu'un corps bien établi de résultats scientifiques (...) Ni en 1893, ni en 1901, la sociologie ne pouvait prétendre être un corps de doctrine, un point de vue, ou une méthode de recherche. »[1]

Malgré la sévérité de ce propos rétrospectif (1916), l'extrême importance de l'usage des manuels dans la fixation de la discipline, ne doit pas être sous-estimée. Tout au long de son histoire et jusqu'à aujourd'hui la sociologie américaine, pour peu académique qu'elle apparaisse au regard européen, accordera une importance décisive à son enseignement : chaque période verra naître des dizaines de manuels contribuant à intégrer l'héritage ancien aux intérêts nouveaux et à construire la matrice disciplinaire de la sociologie[2]. Si, avant la première guerre mondiale, il s'agissait surtout, comme le rappelait ci-dessus Small, de susciter un intérêt commun, les choses changent significativement dans la période suivante : il s'agit dès lors d'inscrire la sociologie dans une perspective résolument scientifique. Le manuel élaboré par Robert E. Park et Ernest W. Burgess, *Introduction to the Science of Sociology* (1921), inaugurera cette nouvelle perspective et constituera une des grandes références de la sociologie américaine moderne : comptant plus de 1 000 pages, il dépassera le chiffre de 30 000 exemplaires vendus entre 1921 et 1943, ce qui, pour l'époque et un ouvrage de cette ampleur, était tout à fait exceptionnel.

Le livre se divise en 14 chapitres. A l'exception du premier (« La sociologie et les sciences sociales ») ceux-ci ont tous la même structure : une introduction rapide, un important choix de textes regroupés par thèmes, une conclusion en forme d'état du domaine, assortie d'une bibliographie, de sujets de travaux écrits et de questions. Plus de 1 000 auteurs sont référencés, parmi lesquels occupent une place de choix, Simmel, Tarde, Thomas, Durkheim, Cooley... Simmel — auprès de qui Park avait fait son doctorat — est cité 29 fois et fournit 10 textes, alors que Weber n'a droit qu'à 3 mentions[3]. Les têtes de chapitre abandonnent les

1. Cité par J. G. Morgan, p. 57-58.

2. Pour une étude comparative de ces manuels, voir l'article de E. D. McCarthy et R. Das, American sociology's idea of itself : a review of the textbook literature from the turn of the century to the present, *History of Sociology*, vol. 5, n° 2, 1985, p. 21-43.

3. Weber ne fut connu aux Etats-Unis avant 1940 que par une minorité de sociologues, le plus souvent tournés vers la théorie et ayant séjourné en Allemagne, comme Talcott Parsons (cf. J. Platt, Weber's verstehen and the history of qualitative research : the missing link, *The british Journal of Sociology*, vol. XXXVI, n° 3, 1985, p. 448-466).

généralités philosophiques ou les classifications inspirées de la biologie au profit de catégories nouvelles, directement associées aux thématiques des recherches se développant à la même période : nature de l'Homme (chap. II), groupement et société (chap. IV) isolement (chap. V), contacts sociaux (chap. VI), interaction sociale (chap. VI) assimilation (chap. XI), contrôle social (chap. XII)... Plus nettement encore, le premier chapitre divise l'histoire de la sociologie en trois moments : celui de Comte et de Spencer, où elle est « une philosophie de l'histoire », celui des « écoles » où la sociologie dispersée entre diverses écoles s'efforce de définir son point de vue ; celui enfin de l'étude et de la recherche dans lequel elle entre juste :

« La sociologie est actuellement face à la situation dans laquelle était la psychologie avant l'introduction des méthodes de laboratoire, dans laquelle était la médecine avant Pasteur et la théorie microbienne (...). La sociologie apparaît maintenant (...) sur la voie de devenir, d'une façon ou d'une autre, une science expérimentale. Cela arrivera dès qu'elle saura poser les problèmes existant d'une manière telle que les résultats sur un cas établissent ce qui peut et devrait être fourni sur un autre. Des expériences sont menées dans chaque champ de la vie sociale, dans l'industrie, la politique et la religion. Dans tous ces champs les gens sont guidés par une théorie implicite ou explicite de la situation, mais cette théorie n'est pas ouvertement exposée sous forme d'hypothèses ni soumise à l'épreuve de cas négatifs. »[1]

Ce souci d'inscrire la sociologie dans une perspective expérimentale renoue avec le mot d'ordre durkheimien — les *Règles* sont d'ailleurs l'un des quatre ouvrages de méthodologie générale référencés[2] dans le manuel. Mais alors que chez Durkheim celui-ci s'associait à un mode d'approche exclusivement causal, importé des sciences de la nature, il va, dans la sociologie américaine, se combiner avec une grande diversité de formules méthodologiques, donnant lieu aussi bien à des

1. R. E. Park et E. W. Burgess, *Introduction to the science of sociology*, 3ᵉ éd., Chicago, The University of Chicago Press, 1969, p. 44-45.

2. Avec A. B. Small, *The meaning of Social Science*, Chicago, 1910 ; J. H. Bridges, Illustrations of Positivism, in *Methods of Research*, Chicago, 1915 et W. I. Thomas et F. Znaniecki, *The polish peasant in Europe and America*, I. *Methodological Note*, Boston, 1918-1920 (*op. cit.*, p. 58).

études ponctuelles ou à des travaux universitaires limités qu'à d'énormes enquêtes mettant à l'épreuve une palette de plus en plus large de techniques d'investigation. Plus encore, il nourrira un débat méthodologique et épistémologique permanent, aboutissant, par la médiation des divers courants de pensée et de leurs conflits, à la systématisation et la codification d'un certain nombre de procédures.

III. — Constitution d'une tradition complexe

1 / L'émergence de la sociologie moderne, en France et en Allemagne, fut fortement marquée, indépendamment de tout autre facteur, par l'intensité du débat et de la réflexion épistémologique. Il se trouve qu'un phénomène identique se produit aux Etats-Unis dans l'entre-deux-guerres. Les fondateurs de la sociologie américaine du début du siècle, Albion W. Small (1854-1926), Franklin H. Giddings (1855-1931), Edward A. Ross (1866-1951), Charles H. Cooley (1864-1929) avaient eu un rôle historique déterminant : ils avaient favorisé l'institutionnalisation de la discipline (notamment Small à Chicago et Giddings à Columbia) tout en lui imprimant certaines de ses caractéristiques fondamentales : le souci de faire de la sociologie une discipline positive et la réticence à séparer le social du psychologique et du culturel. Mais cela n'avait pas entraîné de véritables grands débats.

A l'inverse, l'entrée dans la période de la « sociologie expérimentale » évoquée par Park et Burgess dans leur manuel va donner lieu à la fois à la production de travaux empiriques nombreux et à un débat prolongé sur les méthodes à utiliser en sociologie. L'issue de ce débat est le plus souvent résumée ainsi : les sociologues de Chicago, fondateurs et défenseurs d'une méthodologie qualitative, privilégiant les études de cas et recourant aux techniques de l'observation et des récits de vie ont été supplantés par ceux de Columbia, promoteurs d'une méthodologie quantitative mettant au premier plan, par l'intermédiaire de questionnaires et d'entretiens standardisés, d'échelles d'attitudes et d'opinions, l'opérationnalisation des concepts et le traitement statistique des variables. Le débat lui-même avait débuté dans le milieu des années 20, par une attaque contre la méthode de l'étude de cas. Il se poursuivra durant vingt ans, opposant d'un coté les partisans d'un pluralisme méthodologique et de l'autre ceux qui se qualifieront eux-mêmes d' « opérationnalistes »[1]. Il se marquera, institutionnellement, par une crise importante au sein de l'Association américaine de Sociologie, qui en 1935, décidera de ne plus considérer *The American Journal of Sociology*, contrôlé par le département de Chicago, comme son organe officiel, et de fonder une revue indépendante, *The American Sociological Review*.

Le débat et son issue ont pu donner lieu à diverses interprétations : substitution d'un « paradigme » à un autre, avec l'émergence, après 1940 du structuro-fonctionnalisme de l'Ecole de Columbia[2] ; lutte « politique » contre l'hégémonie du département de sociologie de l'Université de Chicago, qui était à l'époque, de loin, le plus riche et le plus puissant de la discipline[3] ; transformation structurelle de la société américaine après la seconde guerre mondiale[4]. Les choses, cepen-

1. Un point récent sur ce débat est proposé dans l'article de Richard Evans, Sociological Journals and the « Decline » of Chicago Sociology : 1929-1945, *History of Sociology*, vol. 6, 2-7, 1-7, 2, 1986-1987, n° 1-2, p. 109-129.

2. H. Kuklick, A scientific revolution : Sociological Theory in the United States, 1930-1945, *Sociological Inquiry*, vol. 43, 1973, p. 3-22.

3. P. M. Lengermann, The founding of the *American Sociological Review* : the Anatomy of a Rebellion, *American Sociological Review*, vol. 44, n° 2, 1979, p. 185-197.

4. A. P. Pirès, La méthode qualitative en Amérique du Nord : un débat manqué (1918-1960), *Sociologie et Sociétés*, vol. XIV, n° 1, 1982, p. 16-29.

dant, apparaissent beaucoup plus nuancées et attestent de la richesse d'une tradition, qui, bien loin de se limiter ou de se complaire dans les affrontements partisans, multiplie les ponts, les passerelles, et favorise par-là même l'invention méthodologique.

Chicago ne fut pas la citadelle d'une école doctrinaire, exclusivement centrée sur « la ville comme laboratoire social »[1] et la pratique des études de cas ; elle s'ouvrit très tôt et volontairement aux approches quantitatives et à l'application des statistiques modernes aux phénomènes sociaux. Le recrutement, en 1927, à Chicago, de William F. Ogburn (1886-1959), formé à Columbia et bientôt l'une des figures les plus importantes de l'opposition « opérationnaliste », peut être analysé, non comme une démission ou une aberration, mais comme l'effet d'une politique de département, soucieuse de donner le meilleur enseignement à ses étudiants. Ceux-ci ont bénéficié, en effet, dès 1920 de cours de statistiques donnés par un économiste, J. A. Field, qui avait des relations scientifiques très étroites avec Karl Pearson et son laboratoire de statistiques de Londres. Par l'intermédiaire de Field les étudiants de Chicago s'initièrent ainsi aux outils qui allaient être ceux de la sociologie quantitative. Avec l'arrivée d'Ogburn se constitua un courant d'autant plus fort que dans le département voisin le psychologue Thurstone développait une théorie opérationnaliste des attitudes dont l'usage en sociologie devait se révéler particulièrement efficace. L'un de ses plus brillants étudiants, Samuel Stouffer, joua un rôle essentiel : il remplaça un temps Thurstone dans ses cours de statistiques et consacra sa thèse de sociologie à une étude comparative des attitudes d'un échantillon de 238 étudiants face à la prohibition. On demandait à ceux-ci d'une part de décrire leur vie et d'exprimer leurs opinions sur le problème, d'autre part de remplir une échelle d'attitude construite par Thurstone. Le traitement de ces deux types de matériaux révélait une très grande correspondance entre les résultats obtenus, mais montrait la plus grande fiabilité et surtout le bien moindre coût du traitement quantitatif. Par la suite Stouffer passa deux ans à Londres et compléta sa formation statistique auprès de l'école la plus avancée de l'époque, qui, avec Pearson, Yule, Fisher, Bowley, fournit aux sciences hu-

1. Selon le titre-programme d'un article de R. E. Park, The city as a social Laboratory, 1929, trad. *in* Y. Grafmeyer et I. Joseph (eds), *L'Ecole de Chicago, naissance de l'écologie urbaine*, Paris, Aubier, 1984.

maines ses instruments fondamentaux d'analyse quantitative : techniques d'échantillonnage, tests de signification, tests de corrélation, analyse multivariée. En 1935, enfin, Stouffer fut nommé professeur à l'Université de Chicago[1].

Cette interdépendance, au sein même du département de sociologie de l'Université de Chicago, des deux courants s'affrontant par ailleurs dans les articles et les ouvrages de méthodologie, montre assez combien leur opposition n'était pas forcément vécue comme irréductible. Tel était bien l'avis de certains protagonistes comme Thomas ou Burgess. Ce dernier écrivait en 1927 :

« Les méthodes statistiques et d'étude de cas ne s'opposent pas ; elles sont en fait mutuellement complémentaires. Les comparaisons et corrélations statistiques peuvent souvent suggérer des pistes pour des recherches à mener selon la méthode de l'étude de cas, et les matériaux documentaires, dans la mesure où ils révèlent des processus sociaux, inviteront inévitablement à la construction d'indices statistiques plus adéquats. Si, quoi qu'il en soit, les statistiques et l'étude de cas peuvent donner leur pleine contribution en tant qu'instruments de recherche sociologique, elles devraient bénéficier d'une égale reconnaissance, et il serait tout à fait opportun que chaque méthode perfectionne sa propre technique. En même temps, l'association des deux peut certainement se révéler féconde. »[2]

On comprend sans doute mieux alors que la tradition américaine comporte simultanément des ouvrages insistant sur les différences (ce qui fut surtout le cas semble-t-il du courant « opérationnaliste », plus à même de procéder à des publications centrées sur des techniques standard), et des ouvrages plus éclectiques s'inscrivant dans la ligne définie ci-dessus par Burgess. Cela aboutit également à une relative autonomisation du travail empirique : si les diverses approches, ou, selon la terminologie utilisée précédemment, les divers programmes de la sociologie américaine tisseront des

1. Pour tout ce développement, voir Martin Bulmer, *The Chicago School of Sociology,* Chicago, The University of Chicago Press, 1984, spécialement les chapitres 9 et 10.

2. E. W. Burgess, Statistics and Case Studies as Methods of Sociological Research, *Sociology and Social Research,* 12, 1927, repris *in* Bulmer, *op. cit.,* p. 185.

liens plus étroits avec telle méthode ou telles techniques, celles-ci seront toujours susceptibles d'une utilisation relativement indépendante, comme en témoignent les grandes enquêtes qui ponctuent cette période et constituent le « trésor » de la tradition empirique américaine.

2 / Il est difficile de rendre compte de la multiplicité des travaux empiriques menés aux Etats-Unis durant cette période[1]. Ils peuvent être classés selon leur objet — la ségrégation urbaine, les communautés, les groupes délinquants, les attitudes électorales, l'organisation du travail, les classes sociales... ; selon leur statut — thèses universitaires, études ponctuelles, grosses enquêtes requérant une organisation de recherche complexe ; selon leur affiliation programmatique — approche écologique (Ecole de Chicago) privilégiant l'étude de cas *in situ* de groupes « naturels », approche culturaliste mettant en avant l'étude de communautés, approche fonctionnaliste s'intéressant d'abord aux systèmes organisationnels et aux divers rôles qu'ils définissent, approche interactionniste[2]... Nous choisirons de présenter deux recherches, *Le paysan polonais* et *Le soldat américain* qui encadrent cette époque. Elles appartiennent au noyau central de la tradition américaine et en illustrent exemplairement l'inventivité et la diversité méthodologique.

En 1918, William I. Thomas et Florian Znaniecki publient *The Polish peasant in Europe and America. Monograph of an immigrant group*. Bien que moins lue à l'époque que d'autres travaux ultérieurs, cette en-

1. Le cours professé par Theodore Caplow à la Sorbonne en 1968-1969 donne un aperçu clair de ce qu'il appelle la « tradition américaine » : *L'enquête sociologique*, Paris, Armand Colin, 1970.

2. Nous reprenons là la typologie à quatre termes établie par Nicolas Herpin, *Les sociologues américains et le siècle*, Paris, PUF, 1973, chap. 1 et 2. Notons que l'auteur n'utilise pas le terme de programme mais celui de problématique.

quête — qui ne fut jamais traduite en français — est souvent considérée comme l'acte de fondation de la sociologie américaine moderne. Elle précède d'assez peu le manuel de Park et de Burgess et l'ouvrage collectif *The city*[1], qui, en 1925, apparut comme une sorte de manifeste de l'Ecole de Chicago, à laquelle appartenait également Thomas.

Le travail se présente sous la forme de cinq volumes associant la retranscription de données brutes à des synthèses théoriques et à des commentaires méthodologiques. Il étudie, à travers un matériau biographique composé essentiellement de lettres de paysans polonais, les formes d'organisation sociales de ce groupe déterminé et ses modifications en situation d'immigration. Le point de départ de la recherche était accidentel : William I. Thomas avait obtenu d'une fondation privée des financements pour l'étude de l'immigration européenne aux Etats-Unis. La présence d'une colonie polonaise importante à Chicago avait orienté les recherches vers ce pays. La rencontre avec Florian Znaniecki, directeur de la Société de protection des émigrants à Varsovie, poète et philosophe, sera décisive[2]. Elle fournira à Thomas les matériaux autobiographiques et donnera à l'œuvre commune toute sa portée épistémologique grâce à la rédaction, par Znaniecki, d'une longue note introductive de plus de 80 pages, intitulée simplement « Note méthodologique ».

Le caractère exemplaire et fondateur du *Paysan polonais* tient dans sa capacité à articuler rigoureusement les lignes de réflexion de la sociologie américaine de l'époque à un matériau empirique de type nouveau — les documents autobiographiques — dont la portée théorique et épistémologique est minutieusement analysée dans la note méthodologique introductive. A la différence des travaux référant aux traditions empiriques ou théoriques antérieures, tendant à négliger un pôle au détriment de l'autre, leur complémentarité est inscrite dans l'organisation même de l'ouvrage : une sélection des documents servant de base à l'analyse est reproduite *in extenso* dans les volumes I à III : il s'agit d'une part de séries de lettres, regroupées en trois catégories (corres-

1. Partiellement traduit en français dans le recueil constitué par Y. Grafmeyer et I. Joseph, *L'Ecole de Chicago, naissance de l'écologie urbaine, op. cit.*

2. Sur ce point voir l'article de J. Markiewicz-Lagneau, Florian Znaniecki, sociologue de l'action sociale et de la méthode analytique, *Revue française de Sociologie*, vol. XXIII, 1982, p. 171-193.

pondances au sein du groupe familial, entre maris et femmes, hors du groupe familial) et présentées famille par famille, d'autre part du long récit de vie *(life record)* d'un immigrant (vol. III). Ces données brutes sont précédées d'une présentation générale des conditions de vie du paysan polonais (vol. I) et suivies d'une analyse théorique du changement social les affectant aussi bien en Pologne qu'aux Etats-Unis (vol. IV et V).

S'il est tout à fait neuf de présenter des données brutes de cette ampleur et de faire appel à un matériel autobiographique pour traiter de problèmes sociologiques, si l'adjonction à ces données d'une dimension théorique élimine le défaut classique des enquêtes sociales antérieures, c'est cependant la note méthodologique qui révèle le mieux le travail de construction scientifique accompli. Malgré sa modestie apparente, cette note appartient en propre au courant de réflexion sur soi par lequel la sociologie s'est construite comme science et qu'illustrèrent avant elle *Les Règles de la méthode sociologique* ou les essais épistémologiques de Max Weber. La sociologie y est clairement distinguée du sens commun. Son objectif est de rendre compte de la vie d'une société donnée dans son ensemble (« account the whole life of a given society »[1]). Mais ceci ne peut se faire que par « l'opération préalable arbitraire de sélection et d'isolement de certains groupes particuliers de faits » (p. 18). Or cette dernière nécessite un principe :

« Dès que nous entrons en contact avec les matériaux, nous commençons à les sélectionner à l'aide de critères qui comportent un certain nombre de généralisations méthodologiques et d'hypothèses scientifiques. Ceci doit être fait, puisque la réalité concrète, dans sa totalité empirique, ne peut être transposée dans la science, ne peut être ni décrite ni exposée. Nous devons nous limiter à certaines données, importantes sur le plan théorique, mais nous devons savoir comment distinguer les données importantes » (p. 19).

Le problème est celui qui, dans la tradition méthodologique ultérieure, sera appelé « la construction de l'objet ». Non seulement il est ici posé, mais une réponse tout à fait originale lui est donnée : insistant sur l'interdépendance entre l'individu et l'organisation sociale, Thomas et Znaniecki proposent les concepts de « valeur » et d' « attitude » pour rendre compte de ces deux pôles : est valeur tout objet social doté d'une signification et susceptible de susciter par là une action ; est attitude toute représen-

1. *The Polish Peasant in Europe and America,* Boston, Richard G. Badger, 1918, vol. I : *Methodological Note,* p. 18.

tation consciente chez l'individu d'une action possible. Rendre compte du social consiste donc à saisir l'articulation nécessaire de ces deux éléments. Mais, cela désigne le champ commun à diverses disciplines, qui se distingueront selon le domaine étudié (l'art, l'économie, la religion...) et selon le pôle mis en avant : valeurs ou attitudes. La sociologie se distingue en ce qu'elle étudie un type particulier d'attitudes : celles qui s'organisent en modèles ou en règles *(rules)* définissant des systèmes ou institutions sociales.

La dualité des déterminants de l'action sociale, objectifs d'un côté (valeurs et attitudes instituées en règles), subjectifs de l'autre (attitudes en général et rapport aux règles) définit la spécificité de la causalité en sciences sociales : « La cause d'une valeur ou d'une attitude n'est jamais une valeur ou une attitude seule, mais toujours une combinaison entre une valeur et une attitude » (p. 44).

Cette combinaison explique alors trois choses :

— un mode d'exercice spécifique de la causalité, où un lien du type « si A alors B » — « si ma femme me trompe, je la quitte » — peut se produire où ne pas se produire dès lors qu'interviennent d'autres éléments et surtout dès lors que le sujet concerné analyse la situation selon d'autres enchaînements de causalité possible ;
— le recours à la monographie comme matériel susceptible de présenter simultanément la double dimension objective (les valeurs) et subjective (les attitudes) et de désigner, par comparaisons de cas, certaines lignes causales, certaines « lois » possibles ;
— enfin, le statut scientifique du travail présenté : face à l'idéal nomothétique de la science que reconnaissent les auteurs, l'enquête présentée se donne une portée limitée : celle d'avoir mis en évidence, de façon « inductive », les attitudes et les valeurs dominantes dans un groupe social concret. Comme telle cette recherche doit être poursuivie sur d'autres groupes et peut notamment, par les thèmes dont elle a révélé l'importance, ouvrir à un travail comparatif, ne recourant plus à la méthode monographique, mais à une méthode segmentaire isolant un aspect donné (p. 78 et sq.).

Au cours de la seconde guerre mondiale, la *Research Branch, Information and Education Division* de l'armée américaine, placée sous la responsabilité du général Frédérick Osborn, décide de lancer diverses enquêtes visant à mettre en évidence l'attitude des soldats vis-à-vis des problèmes posés par la guerre. Ce travail sera l'un des plus importants de l'histoire de la sociologie empirique : il mobilisera plus de 130 collaborateurs scientifiques ; de décembre 1941 à août 1945, 243 enquêtes différentes seront menées, touchant en tout près de 500 000 soldats. Les thèmes les plus variés seront abordés, des attitudes vis-à-vis du commandement, de la solde, des relèves, etc., aux préférences dans les lectures, les loisirs, et même les cadeaux de Noël ! Il donnera lieu à une centaine de rapports qui aboutiront à la publication de quatre volumes intitulés *Studies in Social Psychology in World War II*[1].

La rédaction en sera confiée aux sociologues et psychosociologues directement impliqués et notamment à Samuel A. Stouffer, l'une des figures de proue du courant opérationnaliste. Aussi, alors que *Le Paysan polonais* inaugurait et illustrait une sociologie empirique fondée sur l'étude monographique de matériaux biographiques, *Le Soldat américain* présente l'état le plus achevé d'une approche quantitative, intégrant les diverses techniques des échelles d'attitudes et du calcul des coefficients de corrélation.

Chaque chapitre isole un problème. Celui-ci peut avoir la forme préalable d'une relation : « Comment l'adaptation personnelle varie selon les caractéristiques fondamentales de l'individu » (chap. IV) ; « comment l'adaptation personnelle varie selon le type d'expérience militaire » (chap. V). Il peut avoir celle d'une étude segmentaire : « la mobilité sociale au sein de l'armée » (chap. VI) ; « les soldats noirs » (chap. X)... Dans tous les cas ce qui est fourni se présente comme un tableau organisé de faits, constitué de la ventilation des réponses à une question déterminée, du croisement de diverses variables, des scores d'une échelle d'attitude, d'extraits illustratifs d'entretiens... Le fondement d'une telle entreprise est exclusivement méthodologique. Il consiste à consi-

1. Samuel A. Stouffer *et al.*, Princeton, New Jersey Princeton University Press, 1949.

dérer deux choses : d'une part qu'il est possible d'isoler et de mesurer des « attitudes » ; d'autre part que celles-ci peuvent être significativement reliées à des caractéristiques propres aux individus (race, origine, niveau d'étude, etc.) ou à leur mode d'insertion dans l'organisation étudiée (statut, arme, expérience du combat, etc.). Le concept d'attitude n'est pas ici, comme plus haut chez Thomas et Znaniecki, solidaire d'une construction spécifique de l'objet. Il est un outil d'investigation. Dans le chapitre I, « Comment ces volumes ont été produits », Stouffer explique que s'il n'est pas possible de s'accorder sur une définition philosophique du terme d'attitude, il est par contre loisible d'en faire un usage opérationnel rigoureux. Ainsi, par exemple, dans le chapitre III, « Comment varie l'adaptation personnelle à l'armée. Considérations préliminaires », la méthode suivante est exposée :

— définition du concept d'adaptation du point de vue de l'organisation concernée (l'armée) et détermination de deux dimensions fondamentales : le comportement non verbal (accessible à travers divers faits d'acceptation ou de refus), et le comportement verbal (expression d'une satisfaction ou d'une insatisfaction accessible au moyen du questionnaire d'enquête) ;
— décomposition de la dimension verbale en diverses composantes et construction de questions bâties sous forme d'échelles afin de les mesurer ;
— calcul des moyennes des réponses à chaque échelle pour les divers groupes définis dans la population étudiée (officiers, engagés, appelés...), et comparaison de ces moyennes ;
— comparaisons stabilisées, selon la méthode d'égalisation des groupes, des moyennes obtenues à diverses questions par deux ou plusieurs groupes, au cours de *n* enquêtes, et construction de tableaux synthétiques ;
— établissement, par systématisation de ces comparaisons, de corrélations dominantes entre grandes variables, telles que niveau d'étude et moral ou niveau d'étude et approbation ou critique de l'armée.

Progressant ainsi par niveaux successifs, la méthode est capable d'opérer la synthèse des données standardisées recueillies dans *n* enquêtes différentes et de produire des relations du type : un niveau d'études plus élevé entraîne une meilleure adaptation à l'armée malgré une vision plus critique de son fonctionnement.

3 / Construite et éprouvée aussi bien à travers de grandes enquêtes de ce type que par la multiplication

de travaux de toute sorte, la sociologie empirique américaine associe pour la première fois invention méthodologique et souci épistémologique. Elle élargit et systématise le cadre des techniques d'investigation et de traitement des données construit antérieurement et soumet leur usage à une réflexion sur l'intérêt et la portée des résultats obtenus. Elle crée durablement des méthodologies, qui bien que pouvant se réclamer de conceptions différentes, constitueront le bagage commun de la discipline : la tradition de l'étude de cas institue un rapport au terrain — observation directe le plus souvent — et aux données — combinaison et interprétation de matériaux « symboliques » — qui se perpétuera dans des directions diverses ; celle de l' « opérationnalisme », plus facilement formalisable, donnera lieu à de multiples manuels et à tous les raffinements que rend possibles l'évolution parallèle des statistiques. La standardisation de l'enquête quantitative sera fortement encouragée par l'usage croissant qu'en feront les instituts de sondage d'opinion. Cela aura deux effets : d'une part de permettre, par une sorte d'épuration progressive, de parvenir à une formalisation relativement rigoureuse de la logique de la recherche[1] ; d'autre part d'encourager un usage instrumental et mercantile d'un outil qui, détaché d'une problématique scientifique d'ensemble, aboutira rapidement à la multiplication de données insignifiantes, tout en acquérant la légitimité que procure le langage mathématique et l'hégémonie qu'entraîne une utilisation facile et économique. Il n'est donc pas étonnant

1. Ce travail sera notamment accompli par Paul Lazarsfeld qui fondera the Bureau of Applied Social Research de l'Université de Columbia et publiera en 1955 avec Morris Rosenberg un recueil de textes choisis concernant les méthodes d'analyse quantitative en sciences sociales qui deviendra un instrument majeur de leur apprentissage, *The Language of social research.*

que le point faible de cette mise en place soit dénoncé, à la fin de la période, par certains sociologues nourris de la tradition européenne ; la théorie du social tend à disparaître au profit de manipulations mathématiques souvent infondées, ce que Pitrim Sorokin dénoncera en 1956 comme une « quantophrénie » et une « numérologie » envahissant la sociologie et les sciences sociales :

« Chacun est devenu, sous l'égide de cette épidémie de quantophrénie, chercheur scientifique ou enquêteur savant, pour peu qu'il prît quelques feuilles de papier, qu'il les remplît de questions de tout acabit, qu'il envoyât des questionnaires à tous les correspondants possibles, qu'il reçût des réponses, les classifiât d'une façon ou d'une autre, en décomptât le contenu avec une machine à calculer et disposât les résultats en "tables" (ceux-ci indiquant des pourcentages obtenus pour ainsi dire machinalement, des coefficients de corrélation, des indices, des corrections pour les déviations normales et autres erreurs probables), pourvu enfin qu'il écrivît un article ou un livre bourré de chiffres, de tables, de formules et d'indices, toutes preuves tangibles d'une recherche "objective, systématique, précise, quantitative". Il s'est créé de véritables rites dans la recherche contemporaine en sociologie, en psychologie et dans les autres sciences sociales ; ces rites peuvent être effectués mécaniquement par une foule d'officiants plus ou moins préparés à les exécuter. »[1]

1. P. Sorokim, *Tendances et déboires de la sociologie américaine,* 1956, trad. Paris, Ed. Aubier, 1959, p. 221.

Chapitre IV

STRUCTURES ET FONCTIONS, SENS ET HISTOIRE

En 1953, Robert K. Merton faisait, trois ans avant Pitrim A. Sorokin, le constat du divorce existant entre la réflexion théorique, uniquement éprise de sens, et la recherche empirique, exclusivement attentive aux faits, au sein de la sociologie[1]. Il révélait ainsi la permanence d'un problème apparu dès les prémisses du XIXe siècle et que l'on peut formuler ainsi : *comment une thèse peut-elle être à la fois pertinente et valide ?* Il ne suffit pas que la théorie soit conceptuellement satisfaisante et la description empirique rigoureusement vérifiable pour que ce lien s'établisse. Il ne suffit pas non plus que soient dégagées les implications philosophiques d'une méthode ou esquissées les conséquences méthodologiques d'une position théorique pour que, *par simple affinité logique,* la relation s'établisse[2]. En fait un troisième élément doit être pris en compte : selon les auteurs on l'appellera une approche, ou un paradigme

1. R. K. Merton, *Eléments de théorie et de méthode sociologique,* 1953, trad. Paris, Plon, 1965.

2. Sur ce point voir l'article de Jennifer Platt, Fonctionalism and the survey ; the relation of theory and method, *The sociological Review,* vol. 34, n° 3, 1986, p. 501-535, et la discussion à laquelle il donna lieu (articles de D. Layder, J. Platt et M. Bulmer, in *The sociological Review,* vol. 36, n° 3, 1988, p. 441-474).

ou un mode d'intelligibilité[1]. Il s'agit d'une manière déterminée de construire, à la fois théoriquement et empiriquement, l'objet d'étude, en privilégiant une relation ou une structure explicative fondamentales.

Durkheim et Weber dans leurs œuvres fondatrices, Thomas et Znaniecki dans la note méthodologique du *Paysan polonais,* illustrent une telle attitude. Lorsque celle-ci est absente, la théorie tend à s'enfermer dans le jeu de ses constructions conceptuelles et l'empirie dans le recueil aveugle de données. Sa mise en œuvre, cependant, ne va pas de soi. La sociologie ne construit pas des théories qu'il suffirait de développer. Elle fournit des ensembles partiellement hétérogènes, au sein desquels, comme en des intersections fortes, se construisent progressivement les noyaux durs d'approches ou de paradigmes spécifiques. Nous avons qualifié plus haut ces derniers de « programmes ». Durant la période qui s'étend de la fin de la première guerre mondiale aux années 60, diverses lignes programmatiques de ce type vont se développer. Elles supporteront de nombreux travaux et s'exprimeront dans les conflits de méthode et dans les manifestes d'Ecole. Elles donneront surtout lieu, comme au moment de la fondation, à un certain nombre d'œuvres de référence, valant pour leur mise en acte exemplaire, dans l'unité de la théorie et de l'empirie, d'un programme déterminé.

Nous allons suivre trois de ces lignes. Nous laisserons partiellement de côté aussi bien les systèmes théoriques que le programme de l'analyse causale. Les premiers ne nous intéressent ici que dans leur aptitude à participer à une construction programmatique et à dépasser la rupture évoquée par Merton. L'analyse causale, de son côté, peut se limiter à des corrélations entre variables si elle ne donne pas lieu à un travail théorique. Le développement de l'opérationnalisme a rendu possible un usage bien plus sophistiqué et contrôlé de l'analyse causale que ce que pouvait réaliser Durkheim. Il l'a en revanche le plus souvent détaché de toute réflexion théorique de quelque ampleur comme en témoigne *Le soldat américain* étudié ci-dessus.

1. Cf. J.-M. Berthelot, *L'Intelligence du social, op. cit.*, ou J. Herman, *Les langages de la sociologie,* Paris, PUF, coll. « Que sais-je ? », 1983.

I. — Structures et fonctions

1 / Dès le XIXe siècle, l'appréhension des phénomènes sociaux a été marquée par une intuition forte : celle de leur appartenance à un tout, qui serait, à chaque niveau où elle peut être saisie, la société.

Cette notion de totalité recouvre trois idées :

— la nécessité d'opérer une distinction entre un ensemble et ses éléments ;
— la constitution de ces éléments comme étant non seulement des parties de l'ensemble, mais comme contribuant à son fonctionnement ;
— l'irréductibilité du tout à la somme de ses parties, ou, en d'autres termes, la prééminence du tout sur les parties.

L'organisme vivant est l'exemple classique d'une telle organisation : un organe se définit par la fonction qu'il remplit au sein de l'organisme. Celui-ci n'est pas une simple addition de parties mais un système où chaque élément joue son rôle.

On conçoit que la sociologie naissante ait éprouvé une véritable fascination pour l'analogie biologique. Il fallait toute la force et la rigueur de Durkheim pour poser simultanément la nécessaire prééminence du tout sur les parties et la toute aussi nécessaire subordination de l'explication par les fonctions à l'explication par les causes[1]. Bon nombre d'auteurs ne s'embarrassaient pas de tels scrupules et estimaient rendre compte des institutions sociales en les expliquant par leur finalité apparente ou métaphorique.

Cependant, l'idée que la réalité sociale n'est pas une simple addition d'éléments, mais constitue un système dont il faut mettre en évidence le fonctionnement va progressivement se dépouiller de ses scories organicistes et donner lieu à la mise en place, au cours de la période qui va de la fin de la première guerre mondiale à la moitié des années 50 à deux programmes différents. Le premier reste le plus proche de l'analogie biologique. Son noyau explicatif est la notion de fonction.

1. Cf. le chapitre V des *Règles*.

Il se déploiera, dès le début de la période, et sera assez vite désigné par le terme de *fonctionnalisme*. Le second nourrit son idée de système d'une inspiration très différente : à l'image de la linguistique et de la phonologie modernes, étudiant les langues comme des systèmes de signes et de phonèmes, il cherche à saisir la structure organisatrice du système : de même que les mots n'ont pas de signification en soi, mais en acquièrent une par la place qu'ils occupent dans le vocabulaire d'une langue et dans les occurrences réglées de leur emploi, de même les divers traits culturels caractérisant une société peuvent-ils être appréhendés à partir de la signification que leur confère leur place au sein d'une structure donnée de relations. Il s'agit là du *structuralisme,* qui se développera au début des années 50.

2 / Le fonctionnalisme va d'abord partir de l'anthropologie. Ce n'est qu'ensuite qu'il gagnera la sociologie[1]. Une des raisons de ce point de départ est que l'anthropologie a affaire à des sociétés de dimensions restreintes qu'il est possible de considérer dans leur totalité.

Soit le problème suivant : dans une société il arrive souvent que l'on repère une coutume ou une institution qui apparaît bizarre et anachronique par rapport au fonctionnement actuel de la société considérée. L'anthropologie classique a tendance à considérer de tels phénomènes comme des « survivances », des « résidus » ou des « emprunts » à d'autres cultures. Les deux premiers termes renvoient à une conception évolutionniste, le troisième à une approche diffusionniste. Dans les deux cas le phénomène est isolé de son environnement actuel : « Au lieu de chercher la fonction actuelle d'un fait culturel, l'observateur se contente d'aboutir à une entité rigide et autonome. »[2].

A l'inverse de cette attitude, Bronislaw Malinowski (1884-

1. Pour une analyse très détaillée du fonctionnalisme, voir de Jacques Coenen-Huther, *Le fonctionnalisme en sociologie : et après ?,* Bruxelles, Ed. de l'Université de Bruxelles, 1984.

2. B. Malinowski, *Une théorie scientifique de la culture,* 1944, trad. Paris, Points-Le Seuil, 1970, p. 31.

1942), premier anthropologue à avoir mené des études de terrain longues et suivies, professeur à la London School of Economics et chef de file avec Alfred R. Radcliffe-Brown de l'Ecole britannique d'Anthropologie qui s'épanouira entre les deux guerres, avance la thèse que si un fait culturel persiste c'est qu'il remplit une fonction actuelle dans la société considérée.

Pour asseoir la légitimité de cette thèse, Malinowski élabore une théorie de la culture fondée sur les notions de besoins et de satisfaction des besoins. Toute société manifeste des besoins élémentaires, liés à la nature biologique de l'homme, et des besoins dérivés liés à sa propre exigence de survie : bien-être corporel, sécurité, santé... appartiennent à la première catégorie ; production économique, règles juridiques, socialisation de la nouvelle génération, définition des pouvoirs... à la seconde. Les faits culturels, et plus précisément les institutions, sont des réponses à ces besoins. Une institution se définit donc par sa finalité et sa fonction actuelles : « analyse fonctionnelle et analyse institutionnelle sont intimement liées » (*ibid.*, p. 94).

Le fonctionnalisme de Malinowski a deux aspects : d'une part il développe une conception théorique de la société et de la culture ; d'autre part, articulé avec cette conception, il propose un programme d'analyse des phénomènes qui peut se ramener aux deux points suivants :

— pour tout phénomène X étudié, rechercher l'institution à laquelle il se rattache :

> « Je mets au défi quiconque de citer un objet, une activité, un symbole, un type d'organisation qui ne puissent prendre place dans une institution quelconque, lors même que certains objets relèvent de plusieurs institutions et jouent auprès de chacune d'elles un rôle déterminé » (*ibid.*, p. 136).

— rechercher la fonction remplie par l'institution et rendre compte de X à partir de cette dernière.

Le fonctionnalisme touchera la sociologie dans l'entre-deux-guerres aux Etats-Unis, où diverses études dites de collectivité se feront plus ou moins sous ses auspices. Mais c'est essentiellement par l'intermédiaire de Robert K. Merton (1910) et de Talcott Parsons

(1902-1979) qu'il se constituera comme paradigme dominant de la sociologie américaine de l'après-guerre.

Robert K. Merton a joué un rôle déterminant dans cette entreprise. Pour la première fois dans l'histoire de la sociologie, il cherche à codifier un mode d'analyse explicitement reconnu comme tel, c'est-à-dire distinct aussi bien d'un système théorique que d'un ensemble de techniques.

Le fonctionnalisme de Malinowski reposait sur un certain nombre de postulats. En explicitant ceux-ci et en les soumettant à une critique détaillée, Merton opère une distinction décisive entre fonctionnalisme et analyse fonctionnelle : le premier est une conception générale peu fondée, toujours menacée de virer à la doctrine ou au procédé ; la seconde définit un programme d'analyse dont précisément Merton va s'attacher à codifier les termes.

Les trois postulats dénoncés par Merton sont ceux de « l'unité fonctionnelle de la société », « du fonctionnalisme universel » et de « la nécessité »[1]. Ces trois postulats impliquent qu'une institution donnée exerce une fonction par rapport à la société tout entière (postulat 1), qu'elle est toujours positive (postulat 2), et nécessaire (postulat 3). Or cela suppose un niveau d'intégration de la société qui le plus souvent n'est pas réalisé : à l'inverse une institution ou un fait culturel peuvent remplir une fonction partielle et limitée ; ses conséquences peuvent être positives pour certains secteurs de la société et négatives pour d'autres ; la fonction enfin peut subsister alors que l'institution disparaît, remplacée par une autre. Il y a donc une souplesse et une subtilité dans le maniement de l'approche fonctionnelle que manque totalement le fonctionnalisme embourbé dans le simplisme de la relation besoin-institution.

L'analyse fonctionnelle exige pour se déployer que cette subtilité soit explicitée par un certain nombre de concepts. Dans un texte remarquable, intitulé « Un paradigme de l'analyse fonctionnelle » (p. 100-105), Merton procède à cette opération :

— il substitue à la notion de « besoin », utilisée par Malinowski, celle « d'exigence fonctionnelle », pour désigner, de la façon la plus neutre possible, le problème des conditions de survie d'un système ;
— il indique qu'une même « exigence fonctionnelle », peut être remplie par des institutions ou des faits culturels différents,

1. R. K. Merton, *Eléments de théorie et de méthode sociologique, op. cit.*, chap. III : « L'analyse fonctionnelle en sociologie », p. 73-86.

jouant alors le rôle « d'équivalents ou de substituts fonctionnels » ;

— il problématise enfin le concept de fonction en opérant une double distinction :

  - si une fonction est identifiée à partir des conséquences résultant de la mise en œuvre d'une institution ou d'un fait standardisé donné, ces conséquences ne sont pas forcément et de façon univoque positives : elles peuvent être positives (ou fonctionnelles) par rapport à un sous-système donné et négatives (ou dysfonctionnelles) par rapport à un autre. Il importe donc, pour juger de la fonctionnalité de cette institution ou de ce fait, d'établir « le solde net du faisceau des conséquences » ;
  - une conséquence peut être voulue — par le législateur ou par les acteurs — et renvoyer ainsi à des motifs et des buts conscients ; elle peut être également non voulue, non désirée ; on parlera dans le premier cas de « fonction manifeste » et, dans le second, de « fonction latente ».

Ainsi armée, l'analyse fonctionnelle perd son arrière-fond dogmatique et tautologique et devient l'instrument d'analyse du mode de participation d'un fait culturel ou d'une institution aux diverses structures du système qui l'implique. Merton en donne une célèbre illustration en analysant la machine politique américaine (p. 126-138) : malgré les condamnations dont elle fait souvent l'objet pour ses liens avec la pègre, sa tolérance envers la corruption, la toute-puissance de ses boss, sa permanence est liée aux fonctions latentes qu'elle remplit, notamment, à travers le clientélisme politique, d'aide et d'assistance concrète aux plus démunis :

« Dans ce combat entre des structures de remplacement pour l'accomplissement d'une seule et même fonction, à savoir de fournir de l'aide et du soutien à ceux qui en ont besoin, il est évident que le politicien de quartier est mieux intégré dans le groupe qu'il sert que l'assistante sociale, impersonnelle, professionnalisée, socialement distante et bridée par les lois » (*ibid.*, p. 129).

L'entreprise de Merton visait à clarifier et expliciter un mode d'analyse qui devait s'avérer dominant dans la sociologie américaine de l'après-guerre notamment grâce à sa capacité d'analyser des sous-systèmes sociaux divers : ceux-ci peuvent en effet être appréhendés aussi bien dans leur unité physique, selon la tradition de la monographie — étude d'une ville, d'un établissement scolaire, d'une organisation... —, que saisis à travers un échantillon d'attitudes et de comportements permettant de construire le *système de rôles* d'une population déterminée — médecins, enseignants, politiciens... L'analyse en termes de fonction y résulte cependant d'un point de vue consistant à partir de l'élément. Une perspective inverse peut mettre en avant le système et l'analyse de ses lois internes de régulation, à l'image de ce que réalise, à l'époque, la cybernétique. L'analyse fonctionnelle va ainsi pouvoir déboucher par ce déplacement sur *l'analyse systémique*. Celle-ci sera d'abord associée à la manière spécifique dont Talcott Parsons réélaborera le fonctionnalisme, avant de subir l'influence décisive de la théorie générale des systèmes[1].

L'œuvre de Talcott Parsons, professeur de l'Université de Harvard et docteur de l'Université de Heidelberg, est considérable et a eu un poids énorme aux Etats-Unis jusqu'aux années 1970. Il s'agit avant tout d'une entreprise de construction d'un cadre conceptuel systématique capable de rendre compte de l'action humaine. Talcott Parsons, qui traduisit *L'Ethique protestante* de Max Weber dès 1930, inaugurait ainsi un style d'intérêt théorique qui renouait, par-delà les débats méthodologiques de la sociologie empirique, avec les intentions globalisantes des pères fondateurs, dont il cherchait à reconstituer le noyau commun de préoccupations[2]. Le cadre construit met au premier plan la notion de système et définit quatre impératifs fonctionnels communs à tout système quel qu'il soit : adaptation à l'environnement, réalisation des objectifs, intégration, cohérence et réduction des tensions[3]. Il analyse ensuite, à chaque niveau d'un système donné, les sous-systèmes qui remplissent les quatre impératifs fonctionnels définis ci-dessus : pour l'action humaine considérée comme système, le sous-système social rem-

1. Pour cette théorie, voir L. von Bertalanffy, *Théorie générale des systèmes,* 1968, trad. Paris, Dunod, 1973 ; pour les diverses modalités d'approche systémique en sociologie, J.-C. Lugan, *Eléments d'analyse des systèmes sociaux,* Toulouse, Privat, 1983.

2. Ce fut l'objet de son premier livre, *The Structure of social Action,* New York, McGraw-Hill, 1937.

3. Il s'agit de ce qui a été appelé le système AGIL (de Adaptation, Goal attainment, Integration, Latent pattern maintenance).

plit la tâche d'intégration. Pour ce sous-système lui-même divisé en quatre, c'est la communauté sociétale qui remplit cette fonction[1]. Moins opérationnelle et moins souple que l'approche fonctionnelle codifiée par Merton, la systématique de Parsons ouvre néanmoins sur un programme d'analyse plus général qui sera davantage exploré par la suite : le programme systémique, centré sur les notions de système et de régulation.

3 / A l'instar du fonctionnalisme, le structuralisme s'élabore au sein de l'anthropologie. Il recueille même, d'une certaine façon, l'héritage de Malinowski et de Radcliffe Brown. Mais, à la différence de ces derniers, au lieu d'en rester à l'analogie biologique, c'est dans la linguistique moderne qu'il trouve le paradigme de ses analyses.

Dans l'un de ses premiers textes, paru en anglais en 1945[2], Claude Lévi-Strauss présente une approche qu'il mettra systématiquement en œuvre dans son premier grand travail, *Les structures élémentaires de la parenté*[3]. Celle-ci est directement inspirée de la linguistique et plus spécifiquement de la phonologie à laquelle Lévi-Strauss rend un hommage appuyé :

> « La phonologie ne peut manquer de jouer, vis-à-vis des sciences sociales, le même rôle rénovateur que la physique nucléaire a joué pour l'ensemble des sciences exactes » (p. 39).

Avec la phonologie est introduite l'idée de structure formelle, fonctionnant selon les règles d'une combinatoire : un élément n'a pas en soi de valeur ; celle-ci lui est conférée par la structure formelle du système considéré, qui n'est elle-même qu'une des options définies par l'ensemble des combinaisons possibles des éléments consi-

1. Voir T. Parsons, *Eléments pour une sociologie de l'action,* Paris, Plon, 1955, *Sociétés, essai sur leur évolution comparée,* Paris, Dunod, 1973, et l'ouvrage de Guy Rocher, *Talcott Parsons et la sociologie américaine,* Paris, PUF, 1972.

2. Edité en français sous le titre L'analyse structurale en linguistique et en anthropologie, dans le recueil *Anthropologie structurale,* Paris, Plon, 1958, p. 39-62.

3. Paris, PUF, 1949.

dérés : ainsi, ce n'est pas la couleur rouge du feu qui signifie l'arrêt, mais la nécessité d'un code visuel à deux ou trois positions qui sélectionne, parmi les couleurs, les plus discriminantes et leur attribue arbitrairement une signification. Appliquée à certains faits culturels, cette démarche peut se révéler particulièrement efficace.

Dans le texte de 1945, Lévi-Strauss prend pour exemple l'institution de l'avunculat : dans certaines sociétés les rapports entre l'oncle maternel et le neveu ont une forte qualification ; le neveu est sous l'autorité de son oncle. On a cru d'abord à une survivance d'un éventuel matriarcat ; puis à une manifestation fonctionnelle d'un régime matrilinéaire, c'est-à-dire d'un régime de filiation où l'enfant appartient au clan maternel. Mais on note la présence de l'avunculat dans des sociétés patrilinéaires. Pour résoudre cette énigme il faut en fait analyser le système de parenté des sociétés archaïques : celui-ci révèle l'existence de deux relations symétriques : entre oncle maternel-neveu et père-fils d'un côté ; entre frère-sœur et mari-femme de l'autre. Pour chaque relation lorsque l'un des deux rapports qui le composent est autoritaire et distant, l'autre est familier et chaleureux et *vice versa* : par exemple, lorsque le rapport oncle maternel-neveu est familier, c'est le rapport père-fils qui exprime l'autorité. On se trouve donc en présence d'un système d'ensemble pouvant combiner les deux relations symétriques oncle-neveu/père-fils et frère-sœur/mari-femme selon quatre possibilités mathématiques. Celles-ci se rencontrent effectivement dans la réalité et permettent de considérer les systèmes culturels comme des codes, utilisant les comportements, les attitudes, les gestuelles, les divisions de l'espace, les classifications des choses, comme autant de moyens pour une culture, à l'instar d'une langue, de constituer son système de références.

L'analyse structurale ouvre donc sur une sémiologie du social, c'est-à-dire sur une étude du social comme code. Partie de l'ethnologie cette approche trouvera son plein développement dans la période ultérieure, au cours de la décennie 60[1].

1. Cf. sur le développement du structuralisme dans les diverses sciences de l'homme l'ouvrage de O. Ducrot, T. Todorov, D. Sperber, M. Safouan et F. Wahl, *Qu'est-ce que le structuralisme ?*, Paris, Le Seuil, 1968.

II. — Significations et sens

1 / L'approche par les structures, qu'elles soient matérielles et concrètes comme dans le fonctionnalisme ou abstraites et formelles comme dans le structuralisme, a un point commun : *l'objectivisme*. Elles peuvent être décrites et analysées indépendamment des acteurs, selon des procédures positives. De ce point de vue, même si, spécifiquement, l'analyse fonctionnelle et l'analyse structurale ne se sont pleinement dégagées que durant cette période, l'objectivisme des structures sociales est une composante précoce de la sociologie, qui peut trouver dans la règle durkheimienne de l'objectivation sa norme scientifique.

Cet objectivisme postule l'existence d'un ordre sous-jacent aux phénomènes décrits dont la mise en évidence est l'objectif de la connaissance sociologique. Il en découle que le sens, envisagé comme valeurs, visions du monde, normes d'action fait partie de cet ordre préexistant ; les acteurs individuels intériorisent des modèles de comportement et des schèmes d'action définis en dehors d'eux.

Or une autre ligne parcourt également la sociologie depuis sa fondation. La critique du réalisme historique par Simmel, la définition de la sociologie comme « science de l'activité sociale » par Weber, mettent en avant le sens accordé à leurs actes par les acteurs et la saisie compréhensive de celui-ci par le sociologue. Cependant, il s'agit encore davantage, dans la sociologie allemande du début du siècle, d'un engagement épistémologique que de la détermination d'un mode d'approche spécifique : Max Weber fait appel aux méthodes de l'historien (recherche de sources et analyse de textes) aussi bien qu'au questionnaire de l'enquête empirique. Simmel use volontiers de l'écriture littéraire ou philosophique.

C'est à l'inverse aux Etats-Unis que dans la filiation de l'Ecole de Chicago, vont apparaître de véritables programmes d'analyse dont on peut résumer ainsi les traits communs :

— le refus de l'objectivisme : le social n'est pas donné, mais construit. Pour reprendre une définition célèbre de Thomas et Znaniecki, ce sont les acteurs qui « définissent la situation » ;

— le refus de l'explication par l'appel à un arrière-fond structurel ou à un sens préexistant ; à l'inverse le sociologue cherche à serrer au plus près les mécanismes concrets par lesquels se construisent une situation donnée et son sens ; l'observation participante, l'étude de cas minutieuse, l'entretien constituent les méthodes le plus souvent utilisées pour une telle entreprise ;
— la constitution comme objet privilégié d'étude des interactions concrètes entre acteurs et du mode de construction du sens qui en résulte.

Ainsi se crée une posture scientifique différente, privilégiant la description de situations d'interactions sociales sur la recherche de structures sous-jacentes et donnant lieu à deux programmes principaux, l'*interactionnisme symbolique* et l'*ethnométhodologie*. Un troisième les traverse, d'inspiration philosophique : le courant *phénoménologique*.

2 / Le terme d'interactionnisme symbolique *(symbolic interactionism)* est attribué à Herbert Blumer. Celui-ci appartient à la seconde génération de l'Ecole de Chicago, dont il va, avec Everett Hughes, perpétuer la tradition. Celle-ci recouvre à la fois les enseignements de Thomas et de Park — et à travers ce dernier l'inspiration de Simmel — et ceux d'un philosophe, Georges H. Mead (1863-1931), privilégiant, dans la construction de la personnalité et des rapports sociaux, les communications interindividuelles[1]. Entre 1930 et 1940 sera formée au département de Chicago une nouvelle génération de sociologues (Erving Goffman, Howard Becker, Anselm Strauss...) dont les œuvres, à partir de la moitié des années 50,

1. Cf. *L'esprit, le soi et la société,* 1934, trad. Paris, PUF, 1965.

construiront le courant moderne de l'interactionnisme symbolique[1].

Il aurait été possible de prendre l'œuvre brillante d'Erving Goffman (1922-1982) pour illustrer la posture particulière du programme d'analyse que constitue l'interactionnisme symbolique. Nous choisirons l'ouvrage de Howard S. Becker de 1963, *Outsiders*, pour sa portée paradigmatique. Non seulement celui-ci présente exemplairement le mode de saisie et d'interprétation des données propre à l'interactionnisme symbolique, mais il développe une théorie nouvelle de la déviance, en totale rupture avec le modèle fonctionnaliste dominant. Son influence, en outre, sera d'autant plus importante que le livre, d'abord facile, connaîtra un grand succès, et sera, par- là même, un de ces instruments fondamentaux de transmission concrète d'une manière de penser et de faire.

Publié en 1963, l'ouvrage regroupe un ensemble d'essais produits durant les années précédentes. Durant ses études à Chicago, Howard Becker eut l'idée de combiner son goût pour le jazz (il jouait comme pianiste dans des orchestres) avec les exigences universitaires. Il proposa à son enseignant, Ernest W. Burgess, des observations recueillies sur des musiciens de jazz à la place des entretiens auprès de personnes âgées qu'il devait faire. Cela lui valut d'être orienté vers le spécialiste de sociologie du travail du département, Everett Hughes. Celui-ci était également un fervent défenseur d'une méthode d'observation *in situ* largement inspirée de l'anthropologie et se démarquant par sa rigueur des pratiques de l'étude de cas propres aux années 30[2]. Becker se vit incité à prendre les musiciens de jazz comme sujet de maîtrise. Il en tira deux articles, repris dans *Outsiders*. Quelques années plus tard, après son doctorat, Becker eut la possibi-

1. Cf. B. M. Fisher et A. L. Strauss, Interactionism, *in* T. Bottomore et R. Nisbet (eds), *History of Sociological Analysis, op. cit.*, p. 456-498 ; également de J.-M. Chapoulie, la préface à l'édition française de l'ouvrage de Howard S. Becker, *Outsiders,* 1963, Paris, A.-M. Métailié, 1985.

2. Sur ce point, voir J.-M. Chapoulie, Everett C. Hughes et le développement du travail de terrain en sociologie, *Revue française de Sociologie,* vol. XXV, n° 4, 1984, p. 582-608.

lité de travailler avec une fondation de Chicago s'intéressant aux problèmes de déviance. Sa connaissance du milieu du jazz lui permit de faire des entretiens avec des fumeurs de marijuana et de recueillir ainsi les matériaux utilisés dans *Outsiders* [1].

La déviance était à l'époque un des thèmes importants du travail social et de la recherche sociologique. Il donnait lieu à diverses théories, d'inspiration médicale, statistique, sociologique. Le point commun de la plupart de ces conceptions était l'objectivisme : l'acte déviant apparaissait comme qualitativement distinct, « substantiellement déviant », résultant d'une transgression des normes. Cette idée renvoyait fondamentalement à une vision fonctionnelle de la société, où les normes constituent un élément de régulation et leur respect, une condition de l'intégration. Le programme de recherche induit par une telle conception consistait à rechercher les variables discriminantes de la délinquance. Becker renverse totalement cette perspective, en interrogeant la catégorie même de « déviance » :

« Les groupes sociaux créent la déviance en instituant des normes dont la transgression constitue la déviance, en appliquant ces normes à certains individus et en les étiquetant comme déviants. De ce point de vue, la déviance n'est pas une qualité de l'acte commis par une personne, mais plutôt une conséquence de l'application, par les autres, de normes et de sanctions à un "transgresseur". Le déviant est celui auquel cette étiquette a été appliquée avec succès et le comportement déviant est celui auquel la collectivité attache cette étiquette » (p. 32-33).

Cette nouvelle approche, définissant ce qu'il est convenu d'appeler une « théorie de l'étiquetage », considère la déviance non comme le produit objectif d'un (dys)fonctionnement, mais comme une « qualification », résultant d'une « transaction » entre un groupe social et un individu :

« La déviance est une propriété, non du comportement lui-même, mais de l'interaction entre la personne qui commet l'acte et celles qui réagissent à cet acte » (p. 38).

Le problème n'est plus alors de connaître les caractéristiques statistiquement pertinentes des populations déviantes, mais d'étudier le *processus* par lequel une sé-

1. Sur ces divers points, voir la préface de J.-M. Chapoulie à l'édition française de *Outsiders*, p. 11-13.

rie d'actes et d'individus en arrivent à être qualifiés de déviants. Ce processus se fait dans le temps, passe par des étapes. Il requiert « un modèle séquentiel » à l'image des études de « carrières » menées en sociologie du travail par Hughes. Il nécessite enfin un contact étroit avec les sujets étudiés afin de saisir, par l'entretien et l'observation, la nature des situations s'enchaînant dans le processus de construction de la « carrière déviante ».

Grâce à des entretiens approfondis, grâce à l'observation des rituels utilisés par les fumeurs de marijuana, Becker reconstitue des étapes (l'engagement dans la pratique, le développement et la stabilisation des nouveaux intérêts, la stigmatisation et l'étiquetage, la constitution d'une identité sociale déviante) qui toutes reposent sur des interactions déterminées entre des acteurs déterminés : il montre que si l'on entre dans la pratique la première fois par curiosité, ou par entraînement, ou par défi, on n'y persévère que dans la relation avec d'autres qui initient le débutant à reconnaître ses sensations, à les aimer, à faire les gestes nécessaires... Pour cette phase, comme pour les autres, l'analyse s'appuie sur un matériel de première main, ouvrant le discours de la sociologie à des paroles longtemps ignorées de lui :

« Je fumais comme si c'était une cigarette ordinaire. Il m'a dit : "Non, pas comme ça". Il a ajouté : "Tu l'aspires, tu vois, tu l'avales et tu la gardes dans tes poumons jusqu'à... pendant un certain temps". J'ai demandé : "Combien de temps ?" Il a répondu : "Tu n'as qu'à la garder jusqu'à ce que tu aies envie de la rejeter et tu la rejettes". C'est ce que j'ai fait, à trois ou quatre reprises » (extrait d'entretien) (p. 69).

La théorie de l'étiquetage (est déviant celui qui est qualifié tel au sein d'interactions déterminées avec les autres) est une expression très parlante de la rupture avec l'objectivisme. Mais, ce dernier, n'est pas seulement un point de vue méthodologique particulier. Il recèle également une appréciation de sens commun sur le monde : les sujets sociaux, constamment, classent, qualifient leur environnement et les situations qu'ils rencontrent, en utilisant des manières de voir et de penser qui leur semblent *aller de soi*. Or cet « allant de soi » a un rôle sociétal déterminant. Il assure une sorte de mise en commun du social. Il est ce par quoi je partage une situation avec autrui. Il est l'ensemble des présupposés non conscients grâce auxquels une action pour autrui (selon la définition de l'activité sociale de Max Weber) est possible. Refuser l'objectivisme amène à interroger cet allant de soi. Or cette démarche qu'entreprend l'interactionnisme, parcourt également, d'un certain point de vue, toute la période étudiée, pour donner lieu, à la fin de celle-ci, à sa manifestation la plus radicale : l'ethnométhodologie.

3 / Si l'œuvre fondatrice de l'ethnométhodologie date de 1967 et semble donc bien extérieure à cette période, en fait cette date marque l'émergence d'un courant qui se constitue dans la seconde moitié des années 50[1] et dont, surtout, les racines philosophiques sont bien antérieures. Le problème de l'adhésion au monde du sujet avait été posé en philosophie par Husserl. Or l'idée, propre à la phénoménologie, qu'un rapport originel au monde, antérieur à la réflexion — préréflexif — assurait le sens donné à celui-ci par le sujet, pouvait être interrogée d'un point de vue qui n'était plus celui d'une théorie de la connaissance, mais d'une théorie sociologique de la constitution du monde social pour le sujet social. Un disciple de Husserl, Alfred Schutz (1899-1959), se consacra précisément à cette entreprise, qui simultanément incitait à relire Weber à la lumière de la phénoménologie. Réfugié aux Etats-Unis à partir de 1939, Schutz n'eut qu'à la fin de sa vie un poste universitaire[2]. Ceci explique sans doute une in-

1. Voir A. Coulon, *L'ethnométhodologie,* Paris, PUF, « Que sais-je ? », 1987).

2. Mis à part sa thèse *Der Sinnhafte Aufbau der sozialen Welt,* Vienne, 1932, et de nombreux articles, toute l'œuvre de Schutz a été publiée après sa mort. Son livre de 1932 n'a été traduit qu'en 1967 aux Etats-Unis et attend encore de l'être en France. Les ouvrages posthumes sont des recueils d'articles *(Collected Papers)* ou de correspondance. Un certain nombre de textes ont été réunis dans une édition française, *Le chercheur et le quotidien,* Paris, Méridiens Klincksieck, 1987.

fluence qui se développera essentiellement après sa mort, notamment par l'intermédiaire de ses anciens élèves, Peter Berger et Thomas Luckmann[1].

L'ethnométhodologie constitue la mise en cause la plus radicale de l'objectivisme. Dans la préface à son ouvrage fondateur, Harold Garfinkel (1917) écrit :

> « Quand on fait de la sociologie, profane ou professionnelle, toute référence au "monde réel", même si elle concerne des événements physiques ou biologiques est une référence aux activités organisées de la vie courante. En conséquence, contrairement à Durkheim dont certaines formulations enseignent que la réalité objective des faits sociaux est le principe fondamental de la sociologie, nous affirmons à titre de politique de recherche, que la réalité objective des faits sociaux, en tant que réalisation continue d'activités concertées de la vie courante — étant entendu que les membres connaissent, utilisent et prennent comme allant de soi les manières ingénieuses de les accomplir — est un phénomène fondamental pour les membres qui font de la sociologie. Car, dans la mesure où il s'agit d'un phénomène fondamental de sociologie pratique, il est le thème dominant des recherches en ethnométhodologie. Celles-ci analysent les activités de tous les jours en tant que méthodes des membres pour rendre ces mêmes activités visiblement-rationnelles-et-rapportables-pour-des-buts-pratiques, c'est-à-dire descriptibles *(accountable)* en tant qu'organisation des activités ordinaires de tous les jours. »[2]

Ce texte constitue l'énoncé d'un programme de recherche qui ne va cesser de se construire à partir du milieu des années 50. A l'objectivité des structures et des faits sociaux, il oppose « les réalisations continues d'activités concertées de la vie courante », signifiant par-là que la réalité sociale n'est pas un « donné », mais le produit, au jour le jour, de l'activité de ses membres. Cette activité n'est pas une activité de pro-

1. Cf. *La construction sociale de la réalité,* 1966, trad. Paris, Méridiens Klincksieck, 1986.

2. H. G. Garfinkel, *Studies in Ethnomethodology,* Englewood Cliffs, NJ, Prentice Hall, 1967. Trad. in *Arguments ethnométhodologiques,* Centre d'Etude des Mouvements sociaux, EHESS, Paris, 1985, p. 6.

duction, au sens matériel du terme, mais l'ensemble des routines, des allant de soi, par lesquels se construisent les situations quotidiennes des acteurs ou de ce que Garfinkel appelle les « membres » : faire classe, suivre un cours, remplir un formulaire, se mettre d'accord pour aller chercher la petite à la sortie de l'école... Ces routines ne renvoient ni à des règles préétablies, structurelles ou culturelles, ni à un sens extérieur à la situation que le sociologue aurait à reconstruire ; elles se donnent dans le discours immédiat des membres, qui est simultanément un discours qui décrit-rend compte-justifie, selon les diverses significations du mot anglais *account*.

« J'irai chercher la petite à l'école ce soir, parce que demain j'ai une réunion. »

Un tel énoncé, fondant une possibilité actuelle sur une impossibilité ultérieure, construit simultanément la règle d'une situation partagée :

J'irai ce soir, parce que demain je suis pris,

- — que donc je ne pourrai pas
- — et que dans un souci de réciprocité (règle latente), je fais ce soir ce que j'attends que tu fasses demain (même règle)
- — parce que mon impossibilité demain ne peut être remise en cause (justification).

Il est aisé de voir se poursuivre le dialogue : « Oui, mon chéri, d'ailleurs tu te souviens pour moi, la semaine prochaine. » Un tel échange[1] illustre une autre caractéristique fondamentale de ce que l'ethnométhodologie appelle également le « raisonnement pratique des membres » : l'indexicalité. Il s'agit — à la suite de ce que la linguistique entend par-là — de la relation de tout énoncé à son contexte énonciatif : de même que l'énoncé « tiens », n'a de sens que dans une situation où, par exemple, je tends un objet à autrui, de même le dialogue précédent — qui aurait pu être plus elliptique encore — ne prend son sens que par référence à la situation partagée des membres.

1. Ce dialogue est inventé de toutes pièces pour les besoins de l'exposition. On trouve un exemple similaire, mais réel, dans l'ouvrage de Garfinkel (p. 25-26).

De telles situations quotidiennes fournissent à l'ethnométhodologie un réservoir de matériaux inépuisable. Le rôle joué par le langage a permis le développement d'un programme spécifique de recherche, consacré à la déconstruction systématique d'échanges linguistiques préalablement enregistrés : l'analyse conversationnelle [1]. Simultanément, l'ethnométhodologie se révèle une méthode particulièrement forte d'étude de multiples situations sociales, dont le formalisme apparent masque la production continue grâce au jeu des allant de soi et des énoncés-justificatifs dont usent les membres pour la gérer : fonctionnement d'un jury de tribunal, d'une commission d'admission, soutenance d'une thèse... L'étude célèbre que Garfinkel consacra à des jurés, dont il enregistra les délibérations, montre qu'aux règles attendues et prescrites de prise de décision, se substituent les règles, construites au fur à mesure du déroulement de la séance à travers les interactions et les choix auxquels elle donne lieu, par lesquelles les jurés construisent le fait à juger et prennent une décision conforme à une compétence de sens commun selon laquelle « tout membre compétent de la société sait ce que tout membre sait »[2].

L'approche ethnométhodologique tend très fortement à problématiser le social. Elle est peut-être le courant sociologique qui pousse le plus loin la mise à distance nécessaire à l'appréhension des « allant de soi » comme résultats d'une construction sociale déterminée. Il n'est pas indifférent, à cet égard, de réfléchir au rôle de l'*autre* dans la connaissance du social : le sauvage du XVIIIe siècle, le prolétaire du XIXe, l'étranger du XXe — thème développé dans des textes célèbres aussi bien par Simmel que par Schutz — sont autant d'opérateurs permettant d'interroger *du dedans* l'arbitraire ou — dans les termes de l'ethnométhodologie — l'indexicalité des manières d'être et de faire des membres d'une société donnée. Agnès, jeune transsexuelle étudiée par Garfin-

1. L'analyse conversationnelle a notamment été développée par Harvey Sachs à partir des années 60 (cf. A. Coulon, *L'ethnométhodologie, op. cit.*, p. 65 et sq.). Un exemple de cette approche peut être trouvé dans l'article de Sachs, Tout le monde doit mentir, 1968, trad. *Communications*, n° 20, 1973, p. 182-203.

2. H. Garfinkel, *Studies in ethnomethodology, op. cit.*, chap. IV, p. 108.

kel, apparaît, dans les multiples ruses par lesquelles, au quotidien, elle doit manifester les allant de soi d'un comportement féminin qui ne lui est pas « naturel », comme une figure, nouvelle et radicale, de cette entreprise de déconstruction du donné social[1].

III. — Temps et histoire

La période que nous avons isolée est, si ce n'est la plus riche, en tout cas la plus tragiquement chargée en événements historiques : la Révolution de 1917, la montée des fascismes, la guerre d'Espagne, le stalinisme, la seconde guerre mondiale, le partage de Yalta, l'instauration du socialisme en Chine, la guerre de Corée, le début des mouvements d'indépendance nationale sont autant de moments qui marquèrent profondément la conscience du temps. Or, paradoxalement, à la différence de la philosophie ou de la littérature (Malraux, Hemingway, Dos Passos, Sartre, Merleau-Ponty, Camus...), la sociologie reste étonnamment silencieuse. La sociologie française sans doute par faiblesse institutionnelle ; la sociologie anglaise et américaine par distance. Seule la sociologie allemande, dans la période étroite qui précéda l'accession au pouvoir de Hitler, instaura l'histoire comme dimension fondamentale de saisie du social.

Pour mettre en perspective historique une société donnée le sociologue dispose, après la première guerre mondiale, de trois modèles : celui de l'évolutionnisme, en vogue au siècle précédent ; celui du marxisme, placé

1. Garfinkel consacre au cas Agnès le chapitre V de son ouvrage. Cette étude a été notamment commentée par Louis Quéré (*in* W. Dressler-Holohan *et al.*, *L'identité du pays à l'épreuve de la modernité*, Centre d'Etude des Mouvements sociaux, EHESS, Paris, 1986, p. 53-58) et par Remi Hess, Quel corps pour Agnès ?, *Quel Corps ?*, n° 32-33, 1986, p. 44-52.

sous les feux de la rampe par la Révolution d'Octobre 1917 et la constitution du mouvement communiste international ; celui enfin de l'ethnologie, bâti sur l'opposition entre sociétés traditionnelles et sociétés modernes. Aucun de ces trois modèles n'est véritablement satisfaisant : la grande boucherie de 1914-1918 a porté un coup fatal au postulat progressiste qui supportait l'évolutionnisme ; les liens étroits du marxisme et de l'appareil politique de la IIIe Internationale, l'engagement militant des jeunes partis communistes rendent difficile un usage « distancié » de la référence marxienne ; l'opposition entre tradition et modernité, très utilisée d'un point de vue culturaliste par la sociologie américaine, est beaucoup trop large pour penser la spécificité d'une situation historique.

Dans ce contexte, l'Ecole de Francfort constitue une exception aussi brillante qu'ambiguë, en se donnant pour programme l'interrogation de la modernité à la lumière de la tradition philosophique issue de Hegel.

Elle se met en place, à l'initiative d'un universitaire mécène, Felix J. Weil, sous les auspices d'une réflexion marxiste indépendante. En 1922 celui-ci avait déjà rassemblé lors d'une semaine de « Travail marxiste » divers philosophes et intellectuels tels que Georg Lukacs, Karl Korsh, Karl August Wittfogel, etc. Il avait ensuite conçu le projet d'un institut pour le marxisme (Institut für Marxismus) ; celui-ci devait être matériellement indépendant — notamment grâce au soutien de la famille Weil — et simultanément associé à l'Université. L'institut vit le jour en 1923, en collaboration avec la jeune université de Francfort, et reçut en baptême un nom moins compromettant : Institut de Recherches sociales (Institut für Sozialforschung)[1].

L'institut rassembla un certain nombre d'intellectuels, philosophes, sociologues, économistes, psychanalystes dont le projet commun était, en dépassant l'enfermement du marxisme dogmatique, de penser la crise du monde moderne, de sa culture et de

1. Cf. M. Jay, *L'imagination dialectique. Histoire de l'Ecole de Francfort (1923-1950)*, Paris, Payot, 1977, chap. I. Egalement, R. Wiggershaus, *Die Frankfurter Schule*, Munich-Vienne, Hanser, 1987.

ses idéologies. Avec Max Horkheimer (1895-1973), qui en prit la direction en 1931, s'affirma un programme tout à fait original : partant de la philosophie sociale et du problème de l'universel qu'elle dégage depuis la tradition hégelienne (penser une situation historique particulière comme un moment du devenir de l'Universel), Horkheimer insiste sur la nécessité nouvelle d'associer réflexion philosophique et recherche empirique. Par-là, il ne définit pas, comme Merton le fera ultérieurement, l'exigence d'une unité de la théorie et de l'expérience au sein de la sociologie, mais plus largement, celle de l'association des problématiques de la philosophie sociale et des méthodes des sciences sociales concrètes :

« Aujourd'hui, il s'agit bien (...) d'organiser sur la base du questionnement philosophique actuel des investigations auxquelles se joignent des philosophes, des sociologues, des économistes, des historiens, des psychologues dans une durable communauté de travail, afin de faire ensemble ce qu'en d'autres domaines on peut faire seul en laboratoire, de faire ce que tous les chercheurs authentiques ont déjà fait : plus précisément de poursuivre au moyen des méthodes scientifiques les plus fines les grandes questions philosophiques qui sont leurs, de préciser et de transformer les questions en fonction de l'objet tout au cours du travail, de trouver de nouvelles méthodes sans pour autant perdre de vue l'Universel »[1].

Le triple souci d'articuler, autour d'une problématique philosophique commune d'inspiration marxiste — qui recevra le nom de « théorie critique » —, des chercheurs et penseurs de diverses disciplines et des travaux empiriques minutieux constitue un programme tout à fait original dans l'histoire de la sociologie. Les contraintes de l'exil, la difficulté d'entreprendre les travaux empiriques — malgré des réussites célèbres comme l'étude expérimentale sur la personnalité autoritaire[2] —, la diversité des intérêts des membres de l'école et le rôle dominant des approches philo-

1. M. Horckheimer, La situation actuelle de la philosophie sociale et les tâches d'un institut de recherches sociales, 1931, trad. in *Théorie critique,* Paris, Payot, 1978, p. 67-80.

2. Durant la période allemande l'institut entreprit diverses études sur la classe ouvrière et sur la famille, qui ne furent que partiellement publiées, notamment celles concernant le thème de l'autorité (*Studien über Autorität und Familie,* Paris, 1936). Ses études les plus célèbres furent cependant effectuées aux Etats-Unis, à l'Université de Columbia où il s'installa durant son exil. Elles reprirent notamment le thème du rapport à l'autorité par lequel les membres de l'institut cherchaient à comprendre l'impact de la propagande nazie sur la classe ouvrière allemande (T. W. Adorno *et al., The Authoritarian Personality,* New York, 1950).

sophiques chez les plus célèbres d'entre eux, comme Walter Benjamin, Théodor Adorno, Herbert Marcuse, les avatars de la référence marxiste à l'époque du stalinisme dominant, tous ces éléments concoururent à placer le courant de l'Ecole de Francfort aux marges de la sociologie et à susciter des appréciations parfois très négatives, comme celle de Julien Freund :

« Toutes choses considérées, même si cette école contribua au progrès de la recherche sociologique, spécialement durant sa période américaine (c'est-à-dire durant son exil), elle n'en fourvoya pas moins la sociologie scientifique dans une impasse. Ses membres tirèrent avantage du prestige de la sociologie pour pousser de l'avant un message foncièrement philosophique. C'est un exemple, assez typique aujourd'hui, de corruption de la sociologie scientifique par des idées dont l'objectif est parfois autre que celui d'une recherche strictement scientifique. »[1]

La sévérité du propos doit sans doute beaucoup au rôle que joua la théorie critique dans certains mouvements radicaux de la fin des années 60. Néanmoins la capacité d'interpellation de l'Ecole de Francfort demeure et touche au cœur même de la connaissance du social. Si une rencontre entre Durkheim et Weber n'eut jamais lieu, une part importante de leur héritage fut, en d'autres termes, discutée en Allemagne, en 1961, lors des rencontres de Tübingen organisées par la Société allemande de Sociologie. A la question classique du type de scientificité auquel référer la sociologie, deux réponses fondamentales furent apportées, non par des sociologues, mais par deux philosophes : Adorno et Popper. La qualité de leur démonstration et la date de leur débat peuvent prendre une valeur éminemment exemplaire : au moment où, pour l'essentiel, la sociologie scientifique apparaît construite, dans ses approches et ses programmes fondamentaux, renaissent la question et le dilemme génériques de son statut : à Adorno qui affirme que si la recherche empiri-

1. J. Freund, German Sociology in the time of Max Weber, *in* T. Bottomore et R. Nisbet, *A history of Sociological Analysis, op. cit.*, p. 184-185.

que saisit les phénomènes dans leur particularité, seule la construction conceptuelle de l'essence comme totalité peut leur donner sens, Popper oppose l'unicité de la logique scientifique, fondée sur la mise à l'épreuve empirique de constructions théoriques préalables[1].

1. T. Adorno et K. Popper, *De Vienne à Francfort, la querelle allemande des sciences sociales,* 1969, trad. Bruxelles, Ed. Complexe, 1979.

Chapitre V

« SOCIOLOGY FOR ONE WORLD : UNITY AND DIVERSITY »[1]

Du milieu des années 50 à nos jours s'ouvre, pour la sociologie, une nouvelle période, dont les bornes initiales peuvent varier selon les spécificités nationales, mais que quelques mots clefs résument bien : expansion, sectorisation, bureaucratisation, internationalisation, désenchantement... Ere de la maturité, sans aucun doute, que ne marque aucune nouvelle grande « invention » programmatique ; ère de la sagesse et de l'apaisement ? Rien ne permet de l'affirmer d'une époque qui, à l'image de l'histoire mondiale est marquée par l'ambiguïté : si celle-ci connaît simultanément la guerre froide et la coexistence pacifique, les mouvements de libération nationale et la montée des totalitarismes, l'effondrement du système socialiste européen et le repli sur les charmes discrets d'une démocratie souffreteuse, le retour des fondamentalismes religieux et la fin des lendemains qui chantent, la sociologie, sans être en rien le reflet de ces soubresauts en présente cependant comme une libre variation : son institutionnalisation se renforce, des liens multiples la consoli-

1. « Sociologie pour un seul monde », thème du XIIe Congrès mondial de sociologie, Association internationale de Sociologie, Madrid, 1990.

dent, et, simultanément ses tâches, ses secteurs de recherche, ses lieux d'activité se multiplient et se séparent : au risque d'éclatement de pratiques plus juxtaposées qu'intégrées s'ajoute un scepticisme épistémologique nouveau, trouvant dans les interrogations des sciences de la nature elles-mêmes un nouvel aliment et pouvant déboucher, sous les auspices du postmodernisme, sur une remise en cause radicale du projet sociologique comme projet scientifique.

I. — Le métier de sociologue[1]

La période qui se met en place à partir des années 60 est marquée par l'émergence du — on serait tenté de dire « des » — métier du sociologue. Si celle-ci s'était déjà produite aux Etats-Unis après la première guerre mondiale, elle concerne cette fois-ci l'ensemble des pays développés et, gagne, au-delà, les pays d'Amérique latine, d'Afrique et d'Asie. Le processus d'institutionnalisation semble se dérouler en deux phases, la seconde n'étant pleinement présente que dans les pays les plus développés : tout d'abord une implantation universitaire forte et ramifiée, passant par la constitution de départements autonomes de sociologie et par l'irrigation de formations diverses appliquées à des secteurs d'activités déterminés : travail social, santé, activités associatives, urbanisme, gestion du personnel, etc. Ensuite par la constitution progressive, en dehors du cadre universitaire, de compétences professionnelles de type sociologique — bureaux d'étude et de sondage, sociologues d'entreprise, sociologues de cabinets d'urbanisme, sociologues des services centraux des administrations et des grandes organisations... — entrant en concurrence

1. Echo au titre de l'ouvrage de P. Bourdieu, J.-C. Chamboredon et J.-C. Passeron, paru en 1968 (Ed. Mouton), qui constitue, d'un certain point de vue, le premier *Textbook* de la sociologie française.

sur le marché du travail avec des diplômés de psychologie, d'économie, voire de droit[1].

Sans être particulièrement exemplaire, le cas de la France est assez révélateur. En 1956 n'existent toujours que cinq chaires de sociologie. L'après-guerre a vu la fondation du premier laboratoire de sociologie, le Centre d'Etudes sociologiques. En 1958 est créée la licence de sociologie, qui durant une dizaine d'années, sera décernée presque exclusivement à Paris. En 1968-1970, on compte cependant déjà 200 enseignants et chercheurs et 27 centres ou équipes. La réforme universitaire consécutive aux événements de Mai 68 a permis la constitution dans les grandes universités de départements et d'équipes autonomes de sociologie. Vingt ans plus tard, la sociologie française compte près de 800 enseignants et chercheurs institutionnels et 350 équipes dont 90 rattachés au CNRS. En 1989, enfin, 20 Diplômes d'études approfondis (DEA), fonctionnent dans les universités accueillant au niveau bac + 4 un peu moins de 700 étudiants[2]. Simultanément se crée en 1982 une Association professionnelle des Sociologues, visant à « organiser la profession de sociologue » au moyen, notamment, de la constitution d'un fichier et de la publication d'une lettre régulière. D'autres pays ont connu un développement plus important encore. C'est le cas, par exemple, de l'Allemagne. Après le gel nazi, la sociologie s'est progressivement recréée. D'abord rattachée à des départements de philosophie ou d'économie, elle s'est à la fois autonomisée et disséminée dans les diverses écoles supérieures : sa progression est estimée, entre 1960 et 1970 à un passage de 35 à 190 postes d'enseignants et de 150 à 700 postes divers[3]. Son taux d'accroissement de 1960 à 1981 est de loin le plus élevé des sciences

1. Pour plus de détails sur ce point : R. Sainsaulieu, La profession de sociologue en France, *in* H. Mendras et M. Verret, *Les champs de la sociologie française*, Paris, Armand Colin, 1988, p. 247-256 ; H. E. Freeman (ed.), *Applied Sociology*, San Francisco, Jossey-Bass P., 1983.

2. Pour le développement de la sociologie dans l'après-guerre, voir A. Drouard, *Le développement des sciences sociales en France au tournant des années 60*, Paris, CNRS, 1983. Pour un état actuel, on peut consulter les annuaires de recherche du CNRS et du ministère de l'Education nationale. Enfin l'Association Internationale des Sociologues de langue française, la Société française de Sociologie et l'Association professionnelle des Sociologues ont produit, en 1988, un annuaire de la *Sociologie française et francophone* (Paris, CNRS).

3. Source R. Lepsius, Die Entwicklung der Soziologie nach dem Zweiten Weltkrieg 1945 bis 1967, p. 49, *in* G. Lüschen (ed.), *Deutsche Soziologie seit 1945, Kölner Zeitschrift für Soziologie und Sozialpsychologie*, vol. 21, 1979, p. 25-71.

sociales : 2 481 % pour le personnel académique (contre 593 % en moyenne), soit un nombre de 1 290 enseignants, et près de 2 000 % pour les étudiants (contre 335 %)[1]. Aux Etats-Unis le nombre des sociologues est estimé en 1988 à 20 000[2]. Durant cette période, enfin, l'expansion est très largement associée à une demande sociale particulièrement forte, se concrétisant, dans les divers pays développés, par l'institution de mécanismes divers de financement de grands programmes de recherche sociologique.

Le développement simultané de l'enseignement et de la recherche commanditée va avoir un effet décisif sur l'élaboration et la codification des diverses méthodes et techniques de recherche. Si cette dernière était déjà largement à l'œuvre aux Etats-Unis, il n'en allait pas de même en Europe où les traditions anciennes s'associaient timidement avec la sociologie empirique d'inspiration américaine ; les premières enquêtes de l'après-guerre témoignent clairement, notamment en France, du passage d'un modèle à l'autre, d'une « formule de recherche » à une autre[3] : l'étude des premières grandes enquêtes françaises de l'après-guerre met en évidence, à partir de 1954, ce passage d'une formule monographique traditionnelle, fondée sur l'étude documentaire et l'observation *in situ,* à une formule utilisant les techniques américaines d'enquête (questionnaires, entretiens, croisements de variables). L'influence américaine et l'assimilation du langage de la recherche empirique se marqueront ensuite de plus en plus nettement, aboutissant par exemple à la thèse de Raymond Boudon sur l'ana-

1. Source L. Viehoff, Zur Entwicklung der Sociologie an den Hochschulen der Bundesrepublik Deutschland von 1960 bis 1981, *Zeitschrift für Soziologie,* vol. 13, 3, 1984, p. 264-272.

2. Source l'adresse présidentielle de Herbert J. Gans à l'Association américaine de Sociologie, Sociology in America : the discipline and the public, *American Sociological Review,* vol. 54, n° 1, 1989, p. 1-16.

3. Le terme de « formule de recherche » est introduit par Jean-Michel Chapoulie *in* « La seconde fondation de la sociologie française, les Etats-Unis et la classe ouvrière », communication au XIIe Congrès mondial de Sociologie, Madrid, 1990, p. 1.

lyse causale en 1967[1] et suscitant une réflexion épistémologique, à la fois informée et critique, au sein du Centre d'Etudes sociologiques[2].

Plus généralement, on peut considérer que la période qui suivit le milieu des années 50 vit se produire, avec des décalages, des distorsions et des interférences variables selon les pays, la chronologie suivante : une généralisation et une sophistication des méthodes quantitatives issues de la tradition empirique américaine ; une contestation de ces mêmes méthodes et un recours à des techniques qualitatives, telles que l'observation ethnographique, l'enquête biographique, les analyses de contenu de type lexical ou sémantique ; la constitution, grâce notamment à l'apport décisif des nouveaux instruments d'enregistrement et de traitement des données (magnétophones, caméras vidéo, macro, puis micro-informatique) et aux possibilités démultipliées d'analyses et de connexions internes ainsi ouvertes, d'une sorte de *noman's land* technico-instrumental où chacun à la fois puise à sa guise et introduit les nouveaux outils nés du développement des disciplines voisines : statistiques, théorie des jeux, analyse de la décision, lexicométrie, sémiologie, analyse informatique des champs sémantiques... Au sein de cet ensemble coexistent des « formules de recherche » variées, c'est-à-dire des associations plus couramment pratiquées, qui caractérisent plus spécifiquement des sous-ensembles déterminés, comme les grands « programmes de recherche » que nous avons décrits précédemment ou certains champs d'étude. Mais cela peut recouper aussi des clivages nationaux : les sociologues anglo-saxons utilisent plus volontiers des techniques statistiques inférentielles, privilégiant la mise à l'épreuve, selon un modèle mathématique *a priori,* de relations entre un nombre limité de variables, alors que l'école française use de préférence d'analyses factorielles des correspondances permettant de projeter, sur un plan orthogonal, un nombre important de modalités. Ce choix différentiel des méthodes — induisant un mode différent de construction et de confrontation des

1. *L'analyse mathématique des faits sociaux,* Paris, Plon, 1967. Raymond Boudon, à l'instar de quelques-uns des sociologues qui domineront la sociologie française de cette période, a traversé l'océan dans le sens inverse des sociologues américains du début du siècle et a notamment fait un stage sous la direction de Paul Lazarsfeld au département de sociologie de l'Université de Columbia.

2. Cette réflexion s'exprimera dans une revue, *Epistémologie sociologique,* dirigée par Pierre Naville, qui publiera 16 fascicules, simples ou regroupés, de 1964 à 1973.

variables [1] — s'inscrit à la fois dans les traditions mathématiques et dans les contenus d'enseignements propres aux pays concernés. Il pose le problème épistémologique nouveau de la confrontation des résultats du traitement d'un même corpus de données au moyen de méthodes différentes[2]. Plus profondément, il renoue avec la question de l'objectivité et de la mesure en sociologie.

Le résultat d'une telle évolution est *un exercice pluriel de la sociologie,* concernant tant ses lieux, que ses orientations, ses méthodes, ou ses styles : au hasard des publications scientifiques le lecteur peut découvrir aussi bien des rapports « classiques » d'enquête organisant en tableaux statistiques des informations sur une population donnée, que l'articulation de données quantitatives et qualitatives autour d'un noyau théorique fort, des constructions axiomatiques visant à modéliser le comportement d'acteurs donnés, ou des textes impressionnistes instituant la restitution littéraire d'une ambiance sociale comme une sorte de métaphore de l'objet[3]...

II. — Les champs de la sociologie

Nous avancerions volontiers la thèse que la forme propre de construction de la sociologie, dans cette période que ne marque nulle véritable invention pro-

1. Cf. M. A. Schiltz, « Influence du choix des traitements statistiques sur les opérations élémentaires dans un dépouillement d'enquête : codage et sélection des variables », Communication, XIIe Congrès mondial de Sociologie, Madrid, 1990.

2. Voir par exemple sur ce point, K. V. Meter, Sociologie de la criminalité d'affaires : deux méthodes différentes, deux représentations sociales différentes, *Bulletin de Méthodologie sociologique,* n° 1, 1983, p. 3-18 et Structure des données et stabilité des résultats, *Bulletin de Méthodologie sociologique,* n° 4, 1984, p. 41-57.

3. On peut se reporter — avec tout l'arbitraire d'un tel choix et dans une intention uniquement illustrative — à des ouvrages tels que ceux de P. Bourdieu, *La distinction,* Paris, Ed. de Minuit, 1979 ; R. Boudon, *L'inégalité des chances,* Paris, Armand Colin, 1973 ; M. Maffesoli, *L'ombre de Dionysos,* Paris, Méridiens-Anthropos, 1982, pour prendre la mesure de telles différences de styles.

grammatique nouvelle, réside dans sa segmentation en champs de recherche spécialisés et fortement organisés.

Le découpage de la sociologie en secteurs n'est pas une nouveauté ; dès l'*Année sociologique,* les travaux sont recensés sous des rubriques différentes. Mais — et l'évolution des dénominations en témoigne — il s'agit essentiellement de classifications logiques, correspondant à un découpage théorique de la sphère sociale. Les champs de recherche qui se construisent peu à peu à partir de la seconde guerre mondiale renvoient à une tout autre démarche ; ils constituent des points d'articulation entre des considérations théoriques et scientifiques et une demande sociale organisée. Le découpage des champs ne renvoie pas à une problématique initiale, mais manifeste la cristallisation et souvent l'institutionnalisation de la rencontre entre une demande sociale et une offre scientifique de recherche. Ce qui, dans ce modèle économique d'offre et de demande, pourrait sembler contingent et non structurant a au contraire la propriété de construire progressivement des champs de recherche fortement indépendants les uns des autres, organisés chacun autour d'un nœud commun de préoccupations, de résultats, de modèles, de programmes et de formules ; selon les pays et les situations, l'implication du sociologue dans le champ est telle qu'il peut appartenir statutairement à une de ses institutions : tel est le cas des services de recherches sociologiques, initiés, suivant les cas, par les organismes responsables de la santé ou de l'éducation ou de la justice...

Ces champs sont le lieu d'une nouvelle modalité du travail sociologique : ils ne résultent plus des versatilités de choix d'école ou d'incitations extérieures ; ils peuvent au contraire construire et éprouver dans la durée des théories explicatives partielles, constamment enrichies de résultats cumulés. Ils rendent ainsi possibles l'émergence de traditions particulières, l'instauration de relations interdisciplinaires privilégiées, la constitution de banques de données spécifiques. Cependant, ils se distinguent très nettement des subdivisions caractérisant d'autres secteurs scientifiques, par trois points :

— Que le social soit conçu comme un tout ou comme un agrégat, toute théorie partielle tend à s'articuler sur une théorie plus générale, voire à la construire simultanément ; la novation théorique et programmatique est ainsi souvent venue, durant cette période, de champs particuliers de la sociologie et a consisté en une sorte de va-et-vient d'un champ ou d'un niveau à l'autre : on peut faire cette analyse de la théorie de l'étiquetage, venue des études de délinquance, de la théorie de la reproduction, issue du champ de la sociologie de l'éducation, de la théorie des relations informelles et des réseaux, élaborée au sein de la sociologie des organisations... A chaque fois, ces théories elles-mêmes peuvent constituer une application ou une modulation de l'un des grands programmes constitutifs de la sociologie.

— Ce jeu d'influences voire de transferts entre champs d'une part, du niveau particulier qu'ils désignent à celui des grandes approches de la sociologie générale d'autre part, engendre un second trait : les champs sont à la fois des lieux d'unité et de conflit. L'unité vient bien souvent de l'extérieur — des partenaires, du contexte commun de travail qu'ils définissent et des ressources qu'ils apportent — alors que le conflit est souvent lié à des clivages internes : concurrences institutionnelles, lorsque des sociologues appartenant à des organismes différents travaillent dans le même champ, affiliations théoriques et épistémologiques lorsque, dans un même domaine, vont se rencontrer plusieurs écoles sociologiques ; la sociologie de l'éducation, par exemple, a vu s'affronter en son sein des théories référant au structuro-fonctionnalisme, au structuralisme génétique, à l'individualisme méthodologique, à l'interactionnisme symbolique, à l'ethnométhodologie [1]...

— Composantes nationales et internationales jouent, enfin, un rôle très particulier dans la constitution des champs. La création, dans l'après-guerre, de deux grandes organisations interna-

1. Cf. J.-M. Berthelot, Réflexions sur les théories de la scolarisation, *Revue française de Sociologie,* vol. XXIII, n° 4, 1982, p. 585-604 ; J.-C. Forquin, La « Nouvelle sociologie de l'éducation » en Grande-Bretagne, *Revue française de Pédagogie,* n° 63, 1983, p. 61-69 ; A. Van Haecht, *L'école à l'épreuve de la sociologie,* Bruxelles, De Boeck, 1990.

tionales, l'Association internationale de Sociologie et l'Association internationale des Sociologues de Langue française[1], convoquant des colloques réguliers et organisant des échanges scientifiques systématiques, a eu un rôle décisif dans la structuration des champs. Des réseaux internationaux se sont mis en place et ont adopté, à l'ombre de chaque organisation, un style de travail et de publication commun. Au XIIe Congrès mondial de Sociologie de Madrid, 42 comités de recherche ont ainsi tenu de 6 à 8 sessions chacun et ont élu leurs instances de direction pour les quatre années suivantes. Mais, simultanément, cette internationalisation ne peut masquer la relative indétermination qui préside à la délimitation des champs. Selon l'institution et le contexte, divers facteurs interviennent, opérant des regroupements ou des scissions spécifiques : au sein des organisations internationales peuvent coexister des comités de recherche et des groupes de travail proches par l'objet, mais éloignés par les réseaux d'appartenance et les stratégies institutionnelles. Des groupes entiers peuvent rester en dehors de ces comités et constituer un système relationnel bâti sur des critères différents, comme la langue, l'affiliation à un courant organisé, ou plus simplement, le cadre national d'exercice. Dans les ouvrages de synthèse et les *Textbooks,* contraintes éditoriales, sympathies scientifiques, affiliations académiques, poids des références nationales contribuent à produire comme des « cartes » non superposables d'un même paysage théorique.

III. — Traverses programmatiques et nouvelles incertitudes

Bien que courte, la période qui s'étend du milieu des années 50 à la fin des années 80 a vu se succéder diverses approches dominantes : structuro-fonctionnalisme et structuralisme ont d'abord occupé le devant de la scène ; puis la fin des années 60 a été marquée par un regain d'intérêt pour un marxisme rénové,

1. L'Association internationale de Sociologie a été fondée en 1949 sous le parrainage de l'Unesco. En sont membres constitutifs les diverses sociétés nationales de sociologie. L'Association internationale des Sociologues de Langue française a été fondée en 1958, à Bruxelles, à l'initiative de Georges Gurvitch et de Henri Janne. Elle ne reconnaît que des membres individuels et définit l'usage du français comme langue de travail.

s'inscrivant dans la ligne de l'Ecole de Francfort ou opérant une (re)lecture structuraliste du texte marxien[1]. La décennie suivante a vu un retour aux perspectives phénoménologiques et interactionnistes et un accroissement de l'audience de l'ethnométhodologie. Enfin, la période récente est marquée aussi bien par des tentatives de dépassement des oppositions antérieures que par le surgissement d'une problématique postmoderniste remettant en perspective tout l'acquis disciplinaire de la sociologie.

Une telle analyse, à chaud, est évidemment contestable et partiellement arbitraire. Il s'agit, en outre, de tendances que les contextes nationaux modulent fortement : le débat allemand entre l'Ecole de Francfort et le positivisme se poursuit à travers des penseurs comme Jürgen Habermas et Hans Albert ; des auteurs comme Georges Balandier, Raymond Boudon, Pierre Bourdieu, Michel Crozier, Alain Touraine, « retravaillent » les approches classiques et dominent la réflexion sociologique en France durant toute la période[2]. Aux Etats-Unis l'ère « postparsons » voit se dérouler un jeu pendulaire entre le postfonctionnalisme d'un côté, et les divers courants de l'interactionnisme symbolique, de l'ethnométhodologie et de la sociologie phénomé-

1. Il s'agit dans le premier cas, non seulement de la célébrité tardive de Herbert Marcuse, mais également du regain d'intérêt pour l'austro-marxisme et le jeune Lukacs qui se développa, en France notamment, au début des années 60. La relecture structuraliste de Marx, d'autre part, menée par Louis Althusser et ses étudiants de l'Ecole normale supérieure (*Pour Marx,* Paris, Maspéro, 1965 ; *Lire le capital,* Paris, Maspéro, 1965) puis poursuivie par Maurice Godelier et Nicos Poulantzas eut un impact considérable : Jeaffrey C. Alexander note qu'une section marxiste s'ouvrit alors à l'Association américaine de Sociologie et compta très vite un nombre considérable de membres (The new theoretical Movement, N. J. Smelser (ed.), *Handbook of Sociology,* Londres, Sage Publications, 1988, chap. 2, p. 77-101).

2. Pour un essai de synthèse concernant la sociologie française durant cette période voir, de Pierre Ansart, *Les sociologie contemporaines,* Paris, Seuil-Points, 1990.

nologique de l'autre, en un débat souvent retraduit, du fait des niveaux différents d'analyse privilégiés de part et d'autre, dans une opposition entre macro- et micro-sociologie[1]. Si cela ne crée pas véritablement, au sens où nous en avons parlé précédemment, de nouvelles grandes approches, on constate par contre une sorte d'épuration des discours de leurs scories idéologiques ou rhétoriques ainsi que des tentatives diverses de dépassement ou d'articulation interne des oppositions antérieures. Trois thématiques fortes dominent cette période :

— La première est celle de l'opposition entre l'ordre et le changement social. Elle constitue aussi bien un problème théorique — quels sont les instruments de la régulation et du contrôle social ? Quels sont les facteurs du changement et du devenir des sociétés ? — qu'une question épistémologique, voire philosophique : faut-il penser le mouvement à partir de l'ordre, ou, à l'inverse, l'ordre à partir du désordre? A ce dilemme dont les racines touchent à la philosophie grecque des origines, la sociologie ne peut apporter de réponse définitive. Elle peut éprouver, par contre, la plus ou moins grande pertinence, à un moment donné, d'une position par rapport à l'autre. Le primat accordé à l'étude de l'ordre social et de ses équilibres, comme toile de fond du changement, a dominé les approches en termes de structures jusqu'aux années 60, ne trouvant d'alternative que dans la référence marxiste. A l'inverse se dégagent progressivement tout au long de la période récente des directions de recherche constituant l'ordre comme un moment dans une dynamique originelle dont il importe de construire la logique. Cette perspective court à travers la totalité de l'œuvre de Georges Balandier et s'y exprime aussi bien dans l'utilisation méthodologique des sociétés traditionnelles comme « analyseurs » des sociétés modernes que dans la construction du concept de désordre comme instrument central de compréhension de ces mêmes sociétés[2]. La sociologie de l'action d'Alain Touraine constitue une autre illustration de cette perspective : tout au long d'une réflexion menée à travers l'étude

1. Voir par exemple l'analyse de cette période présentée par Jeffrey C. Alexander, *in* « The new theoretical Movement », art. cit.

2. G. Balandier, *Le détour*, Paris, Fayard, 1985 ; *Le désordre*, Paris, Fayard, 1988.

des mouvements sociaux qui ont marqué la période, s'élabore une théorie de l'action, rejetant le concept de société au profit de celui d'historicité : les « sociétés » empiriquement saisissables ne renvoient pas à un système latent (la Société) qui en rendrait compte, mais à la lutte qui oppose les acteurs sociaux dans la définition et la gestion de l'historicité, c'est-à-dire dans la production de la société comme champ social organisé[1]. A un autre niveau, les oppositions ordre/désordre, stabilité/devenir, sous-tendent divers choix méthodologiques, voire programmatiques : la perspective interactionniste d'Erving Goffman ou la rupture ethnométhodologique de Harold Garfinkel procèdent également d'une problématisation de l'ordre à l'œuvre dans les relations et les interactions quotidiennes. La remise en cause du primat d'un ordre latent et l'interrogation sur la construction d'équilibres partiels inciteront à des recueils de données non plus transversaux, mais longitudinaux, introduisant systématiquement la dimension historique et temporelle dans les études concrètes.

— La problématisation de la notion d'ordre se situe, de fait, à l'articulation de deux axes : celui de l'ordre et de l'histoire d'un côté, celui de l'ordre et de l'action de l'autre, ou, en d'autres termes, des structures et des acteurs. Ce second axe constitue le deuxième grand thème qui, dans la continuité des grandes oppositions programmatiques de la sociologie depuis sa fondation, parcourt cette période. Cependant la nouveauté réside dans la tentative, non plus de dénier toute validité à l'approche opposée, mais au contraire, de l'intégrer ou d'opérer de nouvelles articulations. La constitution de certains champs particuliers, comme la sociologie des organisations, l'extension de la réflexion sociologique à des phénomènes considérés jusque-là comme secondaires et que l'actualité porte sur le devant de la scène, comme le corps et le rapport au corps, ont beaucoup contribué à l'émergence d'un tel souci. La sociologie des organisations oblige à problématiser aussi bien les notions de structures que d'acteurs, en montrant les limites des organigrammes « formels » et le poids des stratégies des divers acteurs[2]. Les comportements corporels, les attitudes vestimentaires, les pratiques alimentaires, les jeux d'apparence constituent un matériau d'autant plus intéressant

1. Cf. A. Touraine, *Sociologie de l'action,* Paris, Le Seuil, 1965 ; *Production de la société,* Paris, Le Seuil, 1973 ; *Le retour de l'acteur*, Paris, Fayard, 1984.

2. Voir M. Crozier et E. Friedberg, *L'acteur et le système,* Paris, Le Seuil, 1977 ; P. Bernoux, *La sociologie des organisations,* Paris, Le Seuil-Points, 1985.

que s'y joue, dans les sociétés développées, une modalité nouvelle du rapport individu et société, faite à la fois de soumission à la mode et aux codes et d'affirmation individualiste de soi[1]. Acteurs et structures peuvent alors être pensés selon les modalités de leur articulation. Cette perspective nouvelle, cependant, peut se dédoubler, voire se démultiplier, selon le pôle qui, en dernière analyse, reste déterminant. Ainsi se différencient — et s'opposent — durant cette période, des approches comme celles de Raymond Boudon et de Pierre Bourdieu. Le premier plaide pour un individualisme méthodologique, qui, partant de la reconstruction du comportement des acteurs, au sein d'un système donné, met à l'épreuve les conséquences prévisibles de leur comportement en rationalité, et appréhende ainsi les transformations structurelles résultant de l'agrégation de ces derniers selon un mécanisme d'effet pervers[2] ; le second introduit à travers le concept d'habitus, un opérateur fondamental du social, expliquant l'intériorisation par l'acteur des déterminations essentielles de sa position sociale sous formes de schèmes d'action et de pensée générant ses comportements comme variation singulière d'une même modalité ou ethos commune[3]. Sous d'autres auspices, des tentatives similaires se retrouvent chez d'autres auteurs, tels que Antony Giddens ou Jeffrey C. Alexander[4].

— La sociologie, enfin, est touchée depuis quelques années, par un courant de réflexion issu de la philosophie, de l'anthropologie et de l'esthétique. Il s'agit d'un mouvement culturel par son objet et son ampleur, désignant du nom de postmodernité l'état des sociétés développées et de postmodernisme la culture qui s'y élabore. Ce mouvement, qui enregistre simultanément la fin des grands discours surplombant et l'éclatement de formes d'expression de plus en plus marquées par les nouvelles industries de l'image et de la communication, opère, au sein de la sociologie, une rupture avec les normes classiques de scientificité, auxquelles se soumettaient encore les divers programmes antérieurs. Il

1. Voir J.-M. Berthelot *et al.*, Les sociologies et le corps, *Current sociology,* vol. 33, n° 2, 1985.

2. R. Boudon, *Effets pervers et ordre social,* Paris, PUF, 1977 ; *La logique du social,* Paris, Hachette, 1979 ; *La place du désordre,* Paris, PUF, 1984.

3. P. Bourdieu, *La distinction,* Paris, Ed. de Minuit, 1979 ; *Le sens pratique,* Paris, Ed. de Minuit, 1980 ; *Choses dites,* Paris, Ed. de Minuit, 1987.

4. J. Alexander procède, selon cette perspective, à une revue de divers auteurs contemporains (cf. « The new theoretical Movement », art. cit.). A. Giddens se place au cœur de cette problématique dans son ouvrage, *La constitution de la société,* 1984, trad. Paris, PUF, 1987.

pousse à son terme l'opposition entre positivisme et sociologie compréhensive en remettant radicalement en cause le rationalisme lui-même et en prônant un relativisme dont l'art baroque peut apparaître comme un paradigme[1]. Cette ligne de réflexion, abolissant les frontières entre disciplines et, au-delà, entre discours scientifiques et esthétiques, crée une nouvelle tension : elle pose aussi bien le problème des limites de l'exercice sociologique, que celui, plus profondément, du statut du rationalisme. Au postmodernisme s'opposent alors à la fois des réactions viscérales de rejet et des tentatives de réponses théoriques, fondées sur un approfondissement du rationalisme : Jürgen Habermas, héritier d'une Ecole de Francfort qui ne dissocia jamais la sociologie du mouvement culturel et ne pratiqua pas davantage un rationalisme serein est sans aucun doute le leader de cette entreprise « néo-moderniste » d'approfondissement et d'ouverture du rationalisme [2].

Les liens entre ces trois grandes thématiques apparaissent assez clairement : la problématique de la postmodernité repose, d'une autre manière, les questions de l'ordre et du changement aussi bien que des acteurs et des structures. De la même manière, à ces relations « horizontales » s'associe la multitude des relations « verticales » de différents niveaux, par lesquelles, dans un champ donné, sur un objet déterminé, se mettent en œuvre des modalités de recherche et de théorisation faisant écho à telle ou telle de ces thématiques et la réélaborant au feu de l'investigation concrète.

1. Les sociologues français les plus représentatifs de ce courant sont J. Baudrillard (par ex. *La transparence du mal,* Paris, Galilée, 1990) et M. Maffesoli, *La connaissance ordinaire,* Paris, Méridiens, 1985 ; *Au creux des apparences,* Paris, Plon, 1990. Pour une réflexion plus « distanciée » sur ses rapports avec la sociologie, voir Z. Bauman, Sociology and postmodernity, *The sociological Review,* vol. 36, n° 4, 1988, p. 790-813.

2. J. Habermas, La modernité, un projet inachevé, 1980, trad. in *Critique,* n° 413, 1981, p. 950-967 ; *Théorie de l'agir communicationnel,* 1981, trad. Paris, Fayard, 1987 ; *Le discours philosophique de la modernité,* 1985, trad. Paris, Ed. Gallimard, 1988.

CONCLUSION

Y a-t-il une ou des sociologies ? Un survol rapide du territoire de connaissance de la sociologie aussi bien que la crainte inhérente à toute réduction unitaire invitent au pluriel. Celui-ci, cependant, est le plus souvent utilisé par facilité ou par diplomatie, et tend à ne pas connaître de bornes : chaque segmentation du domaine de recherche, chaque sédimentation de gestes techniques, chaque « micro-appartenance » théorique ou programmatique peuvent s'instituer, pour peu que s'y constitue un réseau de travail, d'échange et d'affinité, en république autonome.

Les théoriciens des sciences de la nature ont, pour cette raison, longtemps méprisé et stigmatisé une connaissance fragile, impure, mal dégagée des scories langagières par lesquelles s'insinuent les oppositions métaphysiques et les luttes idéologiques. L'approfondissement de la réflexion et de l'analyse modernes consacrées aux sciences de la nature révélait cependant que celles-ci n'étaient pas à l'abri de difficultés similaires. Elles étaient cependant moins évidentes, plus facilement dissimulées derrière un appareil formel et instrumental commun. En introduisant l'idée que les sciences de la nature avaient connu une succession de « paradigmes », c'est-à-dire de manières de faire et de concevoir la science, Thomas Kuhn invitait à une réflexion sur les « matrices disciplinaires » constitutives de ces paradigmes.

Si le territoire sociologique est partagé en une myriade de tribus, celles-ci appartiennent peut-être, quoi qu'elles en aient, à la même nation. Le regard que la sociologie porte sur elle-même s'est ainsi modifié tout au long de sa construction : alors que durant longtemps, ancré dans les conditions mêmes de sa fondation, il tendait à opposer une vision unitaire (la sociologie est une science comme les autres et ne peut qu'être une) à une conception dualiste (la sociologie est une science d'interprétation nécessairement distincte d'une science d'explication), il s'est, durant la dernière période, peu à peu orienté vers une intégration de la pluralité : le territoire commun est alors la matrice disciplinaire commune, ce réservoir de théories, de programmes, d'outils, de formules, auquel on n'accède jamais que par une médiation concrète, une affiliation spécifique, mais qui constitue néanmoins l'horizon partagé de tous les sociologues[1].

Le patrimoine de la sociologie n'est pas un fourre-tout de théories et de méthodes. Il est constitué, comme nous avons tenté de le montrer tout au long de ce livre, de modes d'approches et de « programmes » de recherche, qui explorent des possibilités à la fois alternatives et combinables d'intelligibilité du social. C'est le développement et l'articulation conflictuelle de ces quelques grandes alternatives, dans leurs dimensions à la fois globales et opératoires, qui constituent la spécificité de la matrice disciplinaire sociologique. Interrogée de ce point de vue, celle-ci doit alors livrer la clef de sa pluralité. A cette question fondamentale et neuve à la fois, la sociologie moderne répond aujourd'hui de façon plurielle : en insistant sur l'unité dialectique de l'objectivisme et du subjectivisme, en approfondissant l'alternative dualiste, en interrogeant, enfin, le fondement logique et cognitif de la pluralité des modes d'intelligibilité par lesquels elle construit l'*intelligence de son objet*[2].

1. Cf. par exemple, T. Bottomore et R. Nisbet, Introduction à *A history of sociological analysis, op. cit.*, ou W. L. Wallace, Toward a Disciplinary Matrix in Sociology, *in* N. J. Smelser (ed.), *Handbook of Sociology, op. cit.*

2. La première position est illustrée par P. Bourdieu, *Le sens pratique, op. cit.*, ou par J. Habermas, *Le discours philosophique de la modernité, op. cit.* ; la deuxième par R. Boudon, Individualisme ou holisme : un débat méthodologique fondamental, *in* H. Mendras et M. Verret, *Les champs de la sociologie française, op. cit.* ; la troisième par J.-M. Berthelot, *L'intelligence du social, op. cit.*

BIBLIOGRAPHIE

Ansart P., *Les sociologies contemporaines,* Points-Le Seuil, 1990.
Aron R., *La sociologie allemande contemporaine,* Paris, PUF, 1936.
Aron R., *Les étapes de la pensée sociologique,* Paris, Gallimard, 1976.
Bottomore T. et Nisbet R. (ed.), *A History of Sociological analysis,* Londres, Heinemann, 1979[1].
Bottomore T., Nowak S., Sokolowska M. (ed.), *Sociology, the State of the Art,* Londres, Sage Publications, 1982.
Bulmer M., *The Chicago School of Sociology,* Chicago, The University of Chicago Press, 1984.
Coenen-Huther J., *Le fonctionnalisme en sociologie : et après ?,* Bruxelles, Ed. de l'Université libre de Bruxelles, 1984.
Coulon A., *L'ethnométhodologie,* Paris, PUF, « Que sais-je ? », 1987.
Cuvillier A., *Manuel de sociologie,* Paris, PUF, 1950.
Durant J.-P. et Weil R., *La sociologie contemporaine,* Paris, Vigot, 1989.
Grafmeyer Y. et Joseph I., *L'Ecole de Chicago, naissance de l'écologie urbaine,* Paris, Aubier, 1984.
Gurvitch G. et Moore W. E., *La sociologie au XXe siècle,* Paris, PUF, 1947.
Herpin N., *Les sociologues américains et le siècle,* Paris, PUF, 1973.
Jay M., *L'imagination dialectique. Histoire de l'Ecole de Francfort (1933-1950),* Paris, Payot, 1977.
Kalaora B. et Savoye A., *Les inventeurs oubliés,* Seyssel, Ed. Champ-Vallon, 1989.
Kent R. E., *A History of British empirical Sociology,* Aldershot, Gower Publishing Company, 1981.
Konig R., *Soziologie in Deutschland,* Münich, Hanser, 1989.
Kurtz L. R., *Evaluating Chicago Sociology,* Chicago, The University of Chicago Press, 1984.

1. Ce n'est ni par pédantisme ni par xénophilie que nous introduisons des ouvrages en langue étrangère. Il se trouve qu'un nombre important de textes de référence ne sont pas traduits. A moins que de vouloir circonscrire la sociologie — ou toute autre discipline — au périmètre étroit de l'hexagone, force est d'inviter le lecteur à une ouverture linguistique raisonnée.

Leclerc G., *L'observation de l'homme, une histoire des enquêtes sociales,* Paris, Le Seuil, 1979.
Mendras H. et Verret M., *Les champs de la sociologie française,* Paris, Armand Colin, 1988.
Nisbet R. A., *La tradition sociologique,* Paris, PUF, 1984.
Oberschall A., *Empirical social research in Germany, 1848-1914,* Paris, La Haye, Mouton, 1965.
Smelser N. J. (ed.), *Handbook of Sociology,* Londres, Sage Publications, 1988.
Wiggershaus R., *Die Frankfurter Schule,* Münich, Hanser, 1987.
Worsley P. (ed.), *The New Introducing Sociology,* Londres, Penguin Books, 1987.

La plupart des multiples revues de sociologie sont amenées à publier des études sur l'histoire de la discipline et son état actuel. Certaines s'y consacrent plus spécialement :

— l'*Année sociologique,* dont la parution a repris après la seconde guerre mondiale, a conservé la tradition des recensions critiques systématiques ;
— la revue *Current Sociology,* organe de l'Association internationale de Sociologie publie systématiquement des numéros bibliographiques consacrés à un champ, voire à un objet, ou à une sociologie nationale ;
— la *Revue française de Sociologie* a consacré divers numéros spéciaux à l'Ecole française de Sociologie et à son environnement :
  - vol. XVII, n° 2, 1976, A propos de Durkheim ;
  - vol. XX, n° 1, Les Durkheimiens ;
  - vol. XXII, n° 3, La sociologie française au tournant du siècle ;
  - vol. XXVI, n° 2, 1985, La sociologie dans l'entre-deux-guerres.

— la revue allemande *die Kölner Zeitschrift für Soziologie und Sozialpsychologie* publie régulièrement des articles historiques. Elle a produit, en 1979, sous la direction de G. Lüschen, un numéro spécial consacré à un bilan détaillé de la sociologie allemande depuis la guerre (Deutsche Soziologie seit 1945).
— la revue américaine *History of Sociology* s'est spécialisée, comme son nom l'indique, dans des articles consacrés à l'histoire de la sociologie.

TABLE DES MATIÈRES

Imprimé en France
Imprimerie des Presses Universitaires de France
73, avenue Ronsard, 41100 Vendôme
Novembre 1995 — N° 42 059